Willi Hoffsümmer

2 × 11 Bußfeiern mit Gegenständen aus dem Alltag

Wortgottesdienste für Erwachsene, Jugendliche und Kinder

Matthias-Grünewald-Verlag · Mainz

Meinem Freund Richard Bertram,
dem ich die Anregung
zum Bücherschreiben verdanke

Zeichnungen von Karl Heinz Hamacher, Bergheim-Paffendorf

4. Auflage 1995

Umschlag: J. Wagner
Satz: Georg Aug. Walter's Druckerei GmbH, 65343 Eltville am Rhein
Druck und Bindung: Buch- und Offsetdruckerei Wagner GmbH, Nördlingen
ISBN 3-7867-1117-8

Imprimatur

Coloniae, die 22 martii 1984
Jr.-Nr. 103 576 I 84 + Hubert Luthe, vic. eplis.

Inhaltsverzeichnis

I. Vorüberlegungen

1. Bußfeiern für die breite Schicht der Kirchenbesucher.

Rund 15 Bußbücher aus den letzten zehn Jahren habe ich durchgearbeitet. Wenn auch die Anschaulichkeit durch Dias, Bilder und Filme in den letzten Jahren erfreulich zugenommen hat, so ist die Sprache oft noch zu akademisch. Nicht, daß ich Akademiker ausschließen möchte, aber ich will durch einfache Sprache und Gedankengänge möglichst viele Saiten im Besucher zum Klingen bringen. Dazu dienen mir besonders zwei Hilfsmittel:

A. Jeder Besucher erhält einen *Gegenstand aus dem Alltag*, gewissermaßen als Konzentrationspunkt. Diesen Gegenstand soll er in der Regel auch mit nach Hause nehmen. Wenn Texte und Besinnungsfragen schon lange im Gedächtnis verblaßt sind, wird dieser Gegenstand den einen oder anderen Gedanken wieder in Erinnerung rufen können. Wer in dieser Weise noch nicht gearbeitet hat, wird vielleicht verwundert sein – wie auch der Besucher beim ersten Mal erstaunt schaut, wenn ihm am Eingang der Kirche etwas überreicht wird. Aber ich wünsche dem Leser den Mut zum ersten Versuch: Das Echo wird überraschen! Ich arbeite seit Jahren in den Bußfeiern meiner Gemeinde mit Gegenständen und kann keinen Verschleißprozeß feststellen. Das Herstellen mancher Gegenstände wird von Kinder-, Jugend- oder Erwachsenenkreisen gerne übernommen und ist zugleich Reklame für den Gottesdienst. Natürlich kann der Gegenstand auch nur in einem Dia etc. gezeigt werden.

B. *Kurzgeschichten.* Auch in der Reizüberflutung unseres visuellen Zeitalters zieht eine spannende Kurzgeschichte die Zuhörer in ihren Bann. Sie ist auch leicht zu behalten und wirkt nach. Die große Resonanz meiner beiden Kurzgeschichtenbücher (255 Kurzgeschichten = 1, 222 Kurzgeschichten = 2) bestätigt mir, wie beliebt Geschichten sind. Um diese beiden Bücher nicht zu wiederholen, steht bei den Andachten sehr oft nur die Inhaltsangabe der Geschichten.

2. Bibelstellen sind Ziel, Höhe-, nicht Ausgangspunkt.

Mein Vorgehen wird Widerspruch hervorrufen, aber ich glaube, so dem Teilnehmer gerechter zu werden. Wir gehen in unseren Gottesdiensten in der Regel immer vom Evangelium aus, das aber Hochform und Ziel ist. Im Alltag aber ist das Christentum in Westeuropa so oft wirkungslos. Offenbar wird die Bibel übergestülpt, sie dringt nicht bis ins Herz. Vielleicht sind viele Besucher als „getaufte Heiden“ oder nur „Sonntagsgläubige“ mittlerweile auch immun dagegen (Entschuldigung!). Ich möchte die Leute da abholen, wo sie meist stehen: zunächst abgehetzt und unkonzentriert, wie von einem fahrenden Karussell abgesprungen, – wenn auch mit viel gutem Willen. Mit dem Gegenstand, den Geschichten und Meditationen möchte ich langsam den Boden bereiten, ihn gleichsam umpflügen und jäten, und in die aufgelockerten Flächen der Seele die Worte Gottes einsäen: als Höhepunkt und als Ausschauen nach dem Ziel. Darum folgen auch meist nach der Bibelstelle keine Gewissensfragen mehr: Das Wort Gottes wirkt für sich.

3. Beichte oder Bußfeier?

In die endlose Diskussion darf ich mit Elmar Gruber nur sagen: Die Vergebung der Sünden „kostet" immer dasselbe: Umkehr und Buße des Menschen. Gott schenkt überall Vergebung, wo Menschen um Vergebung bitten, auch außerhalb von Beichte (bei einer „Todsünde" [schwere Sünde] ist sie als „Hochform christlicher Versöhnung" allerdings Pflicht) und Bußfeier. Wer jedoch glaubt, durch eine Bußfeier „billig" wegzukommen, wird auch vermutlich bei einer Beichte meinen, das Sakrament an sich würde schon alles „machen"; dabei sind auch hier die Öffnung des Menschen für den Anruf Gottes und der Wille zur Umkehr das Entscheidende.
Eine Bußfeier kann sehr gut die Augen für Schuld und Umkehr öffnen und ist darüber hinaus sicherlich eine gute Vorbereitung auf eine Beichte oder ein Beichtgespräch. –
Eine Bußfeier dauert bei uns rund fünfzig Minuten, und oft sind nicht wenige schon eine halbe Stunde vorher da: Ist dieses Sich-Zeit-Nehmen nicht auch schon eine kräftige Buße?

4. Keine Wortüberflutung!

Sie würde unausweichlich nach der eventuell langen Gewissenserforschung/ Meditation drohen, wenn nach Schuldbekenntnis und Vergebungsbitte noch umfangreiche Fürbitten folgen, schließlich der Dankpsalm, vielleicht noch das Vaterunser und langer Segensspruch. Darum: auswählen!
Auf themenorientierte Bitten habe ich schon ganz verzichtet. Wenn überhaupt Bitten in einer Bußfeier Platz haben müssen (in einer Beichte fehlen sie auch), dann sollte hier die Gesamtgemeinde in einem gemeinschaftlichen Bittgebet zu Wort kommen dürfen.

5. Lieder

Sie sind – und gerade die modernen – für die Atmosphäre des Gottesdienstes ungeheuer wichtig. Aber jede Gemeinde steht auf einem anderen Stand: sowohl im Beherrschen der Lieder aus dem Gotteslob als auch im Singen der mittlerweile unübersehbaren Flut moderner Gesänge. Darum habe ich auf Liedhinweise fast ganz verzichtet.

6. Stille

Sie „spricht" in der Bußfeier am meisten. Aber selbst erwachsene Lektoren haben oft kein Gefühl für Pausen. Darum meine herzliche Bitte: auswählen! Weniger ist mehr! Auch nach jeder Gewissensfrage (die Sie oft noch viel konkreter für Ihre Gemeinde fassen müssen!) eine Pause, die Nachdenken ermöglicht!
Um der ruhigen, besinnlichen Atmosphäre willen bleiben wir in der Bußfeier (auch bei Liedern oder dem Evangelium) bis zum Schuldbekenntnis sitzen.

7. Unbedingt: Auswählen!

Noch einmal: Da in den einzelnen Bußfeiern oft verschiedene Aspekte zu einem Thema dargestellt sind, bringt es mehr, wenn Sie dem roten Faden *eines* Gedanken folgen.

8. Ablauf einer Bußfeier

In der Regel sieht das Gerüst einer Bußfeier so aus: Lied – Persönliche Begrüßung – Hinführung – Gebet – Gewissenserforschung/Meditation (Bibeltexte – Geschichten – Lieder – Stille; der Beginn der Fragen zur Gewissenserforschung ist jeweils mit einem • gekennzeichnet) – Schuldbekenntnis – Vergebungsbitte – Bitten – Dankpsalm – Segen – Entlaßgruß – Lied.

9. Verwendbarkeit dieser Bußfeiern

Diese Entwürfe sind sehr leicht in Jugendgottesdienste umzuwandeln sowie für die einzelnen Stationen einer Nachtwallfahrt aufzuteilen oder können einem Pfarrfest die eindrucksvolle Mitte geben. Die Beschreibung der Heiligen und der heiligmäßigen Menschen könnte am Gründonnerstag als Beispiel für die Nachfolge des füßewaschenden Jesus dienen wie auch als Predigt an Allerheiligen etc. Die vielen Bußakte unter der „Hinführung" im Anhang können am Beginn jeder Messe verwendet werden...

Ich würde mich freuen, wenn Sie mit diesen Vorschlägen arbeiten können.

Willi Hoffsümmer

II. Bußfeiern für Erwachsene und Jugendliche

1 Mit Scherben fertig werden

(Bußfeier mit einer Scherbe)

Vorbereitung
1. Jeder bekommt am Eingang eine Scherbe. Am besten in einer Gärtnerei nach alten Blumentöpfen aus Ton fragen.
2. Sie können in diesem Bußgottesdienst auch mit Dias arbeiten, die ein Fotograf aus dem Vorbereitungsteam machen kann. Z. B.: Ein Dia zeigt eine Schuttabladestelle oder einen überquellenden Mülleimer (Meditation: Wegwerfgesellschaft einschließlich der „Wegwerfmenschen").
Oder: *Spitze Scherben auf einer Mauer, die ein Übersteigen unmöglich machen sollen. (Meditation: Wen halten wir hinter solchen Mauern verborgen? Welche Mauern haben wir um uns herumgebaut, über die wir keinen steigen lassen?)*
Oder: *Dia mit den Scherben eines zerbrochenen Kruges.*
3. Wenn sich der Prediger zur „Live"-Predigt des Propheten Jeremia entschließt, braucht er noch einen Tonkrug und einen Hammer.

Lied – Persönliche Begrüßung

Hinführung: Siehe Anhang 1, Nr. 1, 3, 8, 11, 13, 15, 27, 37, 48, 52, 62

Gebet:
Herr, unser Gott, mit dieser Scherbe in unserer Hand wollen wir uns daran erinnern, wie oft wir fallen und etwas in uns in Stücke bricht. Ja, manchmal liegen wir zerschellt am Boden, bloßgestellt und ohne heile Stelle. Diese Scherbe in unserer Hand soll uns aber auch daran erinnern, wie oft wir über andere ein „Scherbengericht" abhalten. Komm, Geist Gottes, heile, was in uns zerbrochen ist, damit wir auch andere heilen können. Darum bitten wir durch Christus, unseren Herrn.

Gewissenserforschung - Meditation

(Bitte auswählen und mit Liedern unterbrechen)

1. WORAN UNS EINE SCHERBE ERINNERN KANN

Jeder Mensch, du und ich, schafft sich Vorstellungen, Verbindungen, Freundschaften. Was ist davon in Scherben gegangen, was liegt in Trümmern?

a) • Ging eine Freundschaft durch meine Schuld in die Brüche mit einem Freund, einer Freundin? Habe ich Dinge gesagt, getan, unterlassen, die mir jetzt leidtun, die ich besser nicht gesagt und getan hätte? Sind meine Enttäuschungen so stark gewesen, ist mein Vertrauen so gebrochen worden, daß ich jetzt übertreibe und sage: „Nie mehr werde ich eine Bindung eingehen, alle sind schlecht..."?

b) • Oder bin ich von meinem Beruf enttäuscht, unbefriedigt? Warum? Sollte ich mir nicht die Mühe machen, noch einen anderen Beruf oder eine Freizeitbeschäftigung zu suchen, die mich innerlich mehr ausfüllt?

c) • Bin ich von meinen Kindern enttäuscht? Haben sie sich am Ende ganz anders entwickelt, als ich es mir gewünscht und vorgestellt habe? Wollte ich nur getreue Spiegelbilder meiner selbst? Habe ich vergessen, daß Kinder wie Pfeile sind, die ich vom Bogen abschieße und die ganz woanders steckenbleiben? Bilde ich mir vielleicht nur ein, die Scherben meiner Erziehung zu sehen? Sind die Kinder auf manchen, vielen Gebieten nicht besser, ehrlicher und konsequenter als ich?

d) • Liegt mein ganzes Leben wie in Trümmern? Bin ich vom Leben enttäuscht? Warum? Setze ich meine Hoffnung nur auf das Diesseits? Ändert der Gedanke an die sichtbare Begegnung mit Jesus im Tod meine jetzige Einstellung? Bin ich bereit zu sterben? Woran halte ich mich fest?...

e) • Wenn mein Glaube – oder ein Teil davon – in Scherben daliegt, habe ich meine religiösen Kinderschuhe früh genug ausgezogen? Spielt der Glaube in meinen Gesprächen überhaupt eine Rolle? Sind meine Vorstellungen von Glaubensdingen manchmal zu kindlich, ja kindisch? Kann ich Antwort geben auf religiöse Hintergrundfragen der Kinder und Enkel? Warum habe ich mich nicht weitergebildet, mir ein neues Glaubensgebäude errichtet? Erkundige ich mich in Glaubensfragen bei den richtigen Leuten; informiere ich mich durch gute Quellen?...

f) • Liegt vielleicht sogar die Ehe in Scherben? Habe ich mich täglich um eine lebendige Beziehung zu meinem Partner bemüht oder bin ich der Eintönigkeit des Alltags verfallen und merke nicht, wie meine Ehe langsam zu Bruch geht? Ist mir meine Ehe und damit auch mein Partner wichtiger als meine persönlichen Interessen? Lasse ich meine Ehe täglich neu aufleben, indem ich das Glück meiner Frau oder meines Mannes suche und nicht mein eigenes? Bin ich meinem Partner eine Hilfe bei der gemeinsamen Bewältigung schwieriger Probleme, oder entziehe ich mich diplomatisch dieser Aufgabe und lasse meinen Partner mit den Schwierigkeiten allein? Schiebe ich die Schuld am langsamen Scheitern der Ehe nur auf den anderen? Habe ich die Verbitterung auch auf Gott übertragen?...

Text:

I: Meine Ehe ist nicht mehr das, was sie einmal war. Es schmerzt mich, das einsehen zu müssen. Ich trauere der Zeit nach, als wir in Harmonie lebten; als es keine Probleme gab; als ohne viel Worte Einverständnis bestand.

II: Manchmal habe ich den Eindruck, mit einer fremden Person zusammenzuleben. Und immer wieder erlebe ich, um wieviel vertrauter mir fremde Menschen sind, und dann merke ich, wie ich bei denen das ursprüngliche Erlebnis suche und wiederzufinden hoffe: das Vertrauen auf den ersten Blick; das totale Verständnis, das keiner Worte bedarf.

I: Früher habe ich geglaubt, hier ist endlich ein Mensch, der mich wirklich versteht. Es gab zwischen uns so viel Gemeinsamkeit. Wir haben einander viel gegeben, aber jetzt fürchte ich, wir haben einander nichts mehr zu sagen.

II: Wir streiten nicht miteinander, wir haben nie Krach. Im Grunde haben wir vor Auseinandersetzungen Angst. Was mich betrifft: Ich bin nicht nachtragend, ich kann verzeihen. Mich braucht man nicht mit Glacéhandschuhen anzufassen. Aber das ist es ja gerade: Wir haben einander nichts zu verzeihen, nur wird die Kluft zwischen uns immer größer. Wenn wir so weitermachen, sind wir auf dem besten Weg, uns total zu entfremden, nur noch die Scherben unseres gemeinsamen Glücks in der Hand zu haben.

I: Und ich bin nicht imstande, etwas dagegen zu tun. Ich unternehme gar nichts. Statt dessen trauere ich um den Beginn unserer Beziehung. Tag für Tag warte ich auf irgend etwas, und es passiert nichts. Ich ergreife keine Initiative und verhalte mich ganz so, als müßte ich versöhnt werden. Ich warte, bis man mir fünf Schritte entgegenkommt, ehe ich einen mache.

(Dirnbeck/Gutl – Ich wollte schon immer mit dir reden, 3. Aufl. 1981, Verlag Styria, Graz/Wien/Köln)

Meditationsmusik

Lesung *(Der Prediger hält einen Krug in der Hand, dazu einen Hammer.)*
Der Prophet Jeremia bekam von Gott den Auftrag: Geh hin und kaufe dir so

einen *(Prediger hält den Krug in die Höhe)* irdenen Krug beim Töpfer, geh zu den Bewohnern von Jerusalem und sage ihnen: So hat der Herr gesprochen: „Ich bringe Unheil in diese Stadt, daß jedem, der davon hören wird, die Ohren wehtun sollen! Denn sie haben mich verlassen und diese Stätte fremden Götzen überlassen. Darum mache ich diese Stadt zum Entsetzen und zum Spott für andere. Wer vorübergeht, wird bestürzt sein über alle ihre seltsamen Leiden!" Dann sollst du den Krug vor den Augen der Männer in Scherben schlagen und sprechen: So spricht der Herr: „So zerschlage ich dieses Volk und diese Stadt! *(An dieser Stelle wird der Krug zerschlagen.)* Ich zerbreche es, wie man einen Topf zerbricht, so daß niemand sie wieder zusammenfügen wird." (Jer 19,1–11 in Auszügen)

Die Stille einen Moment aushalten.

- Kann dieses Bild nicht auch mich meinen? Diene ich wirklich Gott oder den Götzen wie Geld, Genußsucht, Neid...? Richte ich mich neben den Sorgen um das täglich Notwendige mehr noch darauf aus, das Böse in mir zu bekämpfen und das Gute in mir wachsen zu lassen, wie Hilfsbereitschaft, Versöhnung, Barmherzigkeit..., Zeit für den Nächsten, Zeit für ein Gespräch mit Gott?

Lesung

Jesus kittet Scherben zusammen. Das war ein wichtiger Teil seines Lebens. Er machte aus gescheiterten, zerbrochenen Existenzen wieder Personen, die mit neuer Hoffnung anfangen, die an sich selbst Gutes entdecken, die mit neuer Kraft und dem Willen zur Umkehr fortgehen..., Zöllner, Aussätzige, Kranke, Maria Magdalena.

Hier könnte als *Evangelium* eine Stelle vorgelesen werden, z. B. Lk 7,36–50 Jesu Begegnung mit der Sünderin.

Und wie viele Menschen haben das wie Jesus versucht! Ein Abbé Pierre, der in Paris den obdachlosen Chlochards zu einer neuen Existenz verhalf. Ein Don Bosco, der aus Kellern und Gassen verwahrloste Kinder sammelte. Missionare und Schwestern, die sich für Aussätzige aufreiben...Oder eine Mutter Teresa, die verhungernde, ausgesetzte Kinder und alleingelassene Sterbende in ihre Obhut nimmt...

- Wo kitte ich Scherben zusammen? Habe ich freimütig Unterlegenheit zugegeben? Oder zerschlage ich nur – indem ich immer recht haben will, indem ich aus jeder Diskussion als Sieger hervorgehen will, indem ich zu oft die Beherrschung verliere, zu geizig bin, zu verschwenderisch, Gemeinschaften zertrümmere, untreu bin? Zerschlage ich die Initiative meines Partners, die Vorstellungen meiner Kinder, den guten Willen des Lehrers oder des Chefs? Will ich sofort den anderen „klein" machen, weil er mich klein gemacht hat? Oder habe ich meine Betroffenheit ehrlich gezeigt?

Was habe ich bisher für zerbrochene Existenzen getan? Nur darüber geredet oder nachgedacht? Was habe ich bisher gegen den Hunger in der Welt unternommen, bei Katastrophen in anderen Ländern?...

2. „SCHERBEN BRINGEN GLÜCK“
sagen die Leute. Das ist nicht nur Aberglaube!

a) Scherben können mir Wichtiges zeigen: z. B. wenn ich bei anderen Tränen sehe, dann kann ich in dem Moment einen Ruf um Hilfe erfahren. Wenn bei anderen innerlich etwas in die Brüche ging, kann das ein Signal für mich sein.
b) Scherben am Polterabend. Das Herkunftswörterbuch sagt: Das Zertrümmern von Geschirr soll Unheil und böse Geister von der Ehe abhalten. Warum soll es aber nicht auch bedeuten: Laß jetzt den ‚alten Menschen‘ zurück, euren Egoismus, eure festgefahrenen Vorstellungen, fangt mit neuem Porzellan an, mit neuen Kompromissen, mit einem neuen Aufeinanderzugehen: dann bringen Scherben Glück!
c) Aus den Trümmern und Scherben der ausgebombten Städte wurden nach dem Krieg Trümmerberge errichtet. Wurden diese richtig genutzt und bepflanzt, sind sie heute ein Paradies für Erholungssuchende, bringen sie heute jung und alt Freude. – Können die Scherben und Trümmer mancher meiner Vorstellungen nicht heilsam sein? Habe ich sie genutzt, dienen sie jetzt anderen zur Freude?

Stille

Text *(Vier Sprecher – je zwei aus verschiedenen Richtungen, soweit das möglich ist.)*

I: Fang den Tag von heute nicht mit den Scherben von gestern an! Der Tag von gestern, alle Tage und alle Jahre von früher sind vorbei, begraben in der Zeit. An ihnen kannst du nichts mehr ändern!
Hat es Scherben gegeben? Schleppe sie nicht mit dir herum! Denn sie verletzen dich Tag für Tag, und zum Schluß kannst du nicht mehr leben.

II: Es gibt Scherben, die wirst du los, wenn du sie Gott in die Hände legst. Es gibt Scherben, die kannst du heilen, wenn du ehrlich vergibst. Und es gibt Scherben, die du mit aller Liebe nicht heilen kannst. Die mußt du liegenlassen!

(Phil Bosmans, Blumen des Glücks, Herder 1978, S. 29)

(So durfte auch der „verlorene Sohn" alle Scherben hinter sich lassen, als der barmherzige Vater ihm den neuen Anfang schenkte.)
(Danach zwei Sprecher aus der entgegengesetzten Richtung.)

I: Danke, Herr, daß ich mit dir heute lebe,
daß du mich nimmst, wie ich gewachsen bin.
Danke, daß ich mit dir über Scherben strebe
und mit dir täglich neu beginn.
II: Danke, daß ich geborgen unter vielen
und ich einmalig und besonders bin.
Dank für alles, was ich habe.
Dank für alles, was ich bin.
Danke für die guten Gaben,
die mir allzu selbstverständlich sind.
I: Danke für die Zeit, die du mir schenkst.
Danke für die guten Worte, die ich auch auf mich bezieh.

(nach Paul Reding)

Schuldbekenntnis – Vergebungsbitte – Bitten – Dankpsalm – Segen: siehe Anhang

Entlaßgruß:
Nehmen Sie die Scherbe mit nach Hause. Legen Sie sie irgendwo sichtbar hin und erinnern Sie sich an die drei Gedanken: Manche Scherben liegen lassen! Manche Scherben Gott in die Hände legen! Es ist nie zu spät, Scherben wieder zu kitten.

Schlußlied

2 Was uns ein Nagel sagen kann

(Bußfeier mit einem Nagel)

Vorbereitung
Am Eingang erhält jeder Teilnehmer einen Nagel von 10–15 cm Länge.

Lied – Persönliche Begrüßung

Hinführung: siehe Anhang 1, Nr. 1, 12, 13, 15, 16, 25, 27, 48, 64 u. a.

Gebet:
Herr, wir sollen Menschen sein, die miteinander gehen, füreinander einstehen, aber nicht gegeneinander denken und handeln. Gib uns den Geist deines Sohnes. Laß uns die kleinen und großen Nägel herausziehen aus dem Fleisch, aus dem Geist, aus den Herzen unserer Schwestern und Brüder, unserer Mitschüler, Nachbarn und Kollegen: die Nägel, mit denen wir andere treffen wollen; die Nägel, mit denen wir sie festnageln auf ihre Schuld. Das bitten wir durch Christus, unseren Herrn.

Wir beten:
Lied GL 165, Sag ja zu mir...
Der Refrain wird gesungen

Gewissenserforschung – Meditation
(Bitte auswählen und durch Lieder unterbrechen)

Nehmen Sie bitte den Nagel in die Hand!

1. NÄGEL, DIE WIR EINSCHLAGEN
Ein Kreuz von dem berühmten spanischen Maler Salvadore Dali zeigt ein großes, weißes Brett, mitten darauf ein Mensch mit ausgebreiteten Armen – wie ein Nadelkissen der Mensch: schöne, feine, giftige Nadeln mit bunten Köpfchen. Und dann etwas weiter ein Kranz von fingerlangen eingeschlagenen Nägeln und noch etwas weiter ein Kranz von ganz dicken Nägeln, richtige Haken. Aber die Nadelstiche, die sitzen alle im Körper des Menschen.
Man müßte einmal die Nadelstiche zählen, die wir jeden Tag anderen versetzen. Manchmal ist so ein Nadelstich wirklich eine richtige Kreuzigung.

Er ist so giftig, daß der andere Mensch tief verletzt wird und er lange zu tragen hat an den giftigen Nadelspitzen-Worten.
Manche Nadelstiche können so gezielt sitzen, daß Gemeinschaften zerstört werden.

- Fragen wir uns: Wie oft haben wir andere festgenagelt? Auf ein falsches Wort, das in der Wut gesagt wurde, oder mit Redensarten wie „Der hat mich einmal belogen, der wird mich immer belügen!“, „Der geht nicht in die Kirche...“, „Guck mal, wie der aussieht...!“ Oder Kinder sagen: „Der fängt immer an!“
- Fragen wir uns: Wem gegenüber betreibe ich Nadelstichpolitik? Wie oft nageln wir andere fest mit dem Nagel der Vorurteile, mit dem Nagel der Verurteilung? Wie oft treiben wir Nägel ins Privatleben anderer, in die Intimsphäre, in die Mitte eines Menschen? Bin ich rechthaberisch, nachtragend, unnachgiebig? Bin ich ungeduldig, hartherzig, verletzend? Schenke ich die Güte Gottes, von der ich lebe, an meine Mitmenschen weiter? Begegne ich jedem Menschen, jedem Ebenbild Gottes, mit Hochachtung? Gibt es Menschen, die sich an mir ärgern, die mich anfeinden? Warum? Gibt es Menschen, mit denen ich verfeindet bin, die ich hasse? Warum? Suche ich die Versöhnung, oder soll der andere den ersten Schritt tun?

Vielleicht meint jemand, sein Nagel in der Hand sei zu groß. Aber wissen wir, als wie groß der andere ihn empfindet, der diesen Nagel ertragen muß?

Text

I: Verurteilen darfst du erst, wenn du selbst fehlerfrei.
Mit starken Worten bist du immer schnell dabei.
Und du suchst, bis du deinen Mund am anderen wetzen kannst.
Aber wenn's dir selber an die Haut geht,
hast du dich schnell verschanzt.

II: Am Sonntag in der Kirche bist du wieder da.
Dein Blick geht in die Runde und nicht zum Altar.
Du urteilst nach der Kleidung und nach dem Gesicht.
Doch was im andern vorgeht, siehst du wieder nicht.
Für dich ist wirklicher Glaube oft nur Hohn und Spott,
das ist doch jeden Sonntag oft derselbe Trott.

I: Du stehst in der Kneipe, hörst Gespräche an.
Im Geiste stehst du drüber, was dein Nachbar alles kann.
Von der Linken hörst du, daß da einer schon gesessen hat,
und du urteilst über ihn; der Grund bleibt wieder ungefragt.
Statt zu helfen, trittst du seine Vergangenheit noch breit,
erzählst sie weiter und erzeugst damit nur Heiterkeit...

II: Verurteilen darfst du erst, wenn... (wie oben)

I: Auf der belebten Einkaufsstraße steht ein Info-Stand,
gefüllt mit Schriften für den Frieden, für das Recht im andern Land.
Die jungen Leute, die dort wartend in der Kälte stehn,
kannst du nur als kommunistisch oder faul ansehn...
Du urteilst über jeden, den du nicht verstehst,
weil du dein Leben einfach zu stupide siehst.

II: Verurteilen darfst du erst, wenn du selbst fehlerfrei...

(Christoph Eisenbarth, Bergheim; „Verurteilt", verkürzt)

Stille

2. NÄGEL, DIE WIR HERAUSZIEHEN KÖNNEN

Folgende Kurzgeschichte kann uns helfen, Nägel herauszuziehen: „Kurzgeschichten 2", Nr. 116: Der Traum des Wüstenvaters.
(Inhaltsangabe: Ein Sohn reicher Eltern hat sich in die Einsamkeit zurückgezogen, um sich und Christus zu finden. Ein Fremder fühlt sich in einer Begegnung mit ihm unsagbar getröstet. Darauf kommen immer mehr Menschen zu ihm. Schließlich befallen ihn Zweifel, ob er nicht zu gütig ist. Bis ihn ein Traum darin bestärkt, daß Güte über der Strenge steht.)

• Das ist eine Möglichkeit: Ein Mensch zu sein, wie dieser Wüstenvater, zu dem die anderen kommen können mit ihren Ängsten und Problemen und der ihnen in Güte zuhört.

Stille

3. NÄGEL ALS STACHEL IN UNSEREM FLEISCH (DIA-MEDITATION)

Dia 1: Mehrere Nägel (auch als Collage oder großes Bild möglich)
(aus der Dia-Meditation 7, Impuls-studio München; 2. veränderte Auflage oder Dia 3 aus der 1. Auflage)

Die schlimmsten Nägel sind oft die, mit denen wir einander festnageln. Aber wir können auch selbst festgenagelt sein: durch Mißerfolg im Beruf oder in der Schule; durch einen Bruch in den wirtschaftlichen Verhältnissen, in der Ehe, in der Erziehung. Wir können auch einen Stachel im Fleisch spüren durch mangelnde Willenskraft, durch Selbstbefriedigung...
Überall Nägel und Leid – wohin wir schauen. Eine „Tagesschau" oder „Heute"-Sendung zeigt erst recht die dicken Nägel im Herzen der Welt.

• Gibt es ein Haus, das nicht Nägel aushalten muß? Und wenn ein Unglück nicht alleine kommt, dann fühle ich mich schnell überfordert: Krankheit und Untreue in der Ehe; Mißerfolg in der Schule, im Beruf und Streit zu Hause...

Das kann uns richtig zu Boden drücken, und dazu kommt noch die Gleichgültigkeit anderer.

4. NÄGEL, DIE DER GLAUBE UMBIEGEN KANN (DIA-MEDITATION)

Dia 2: Gebogener Nagel
(Dia 6 aus der oben genannten Dia-Meditation)

Unser Glaube gibt uns die Chance, das Leid in einem anderen Licht zu sehen. Es verliert seine Bedeutung. Das Leid kann uns neue Richtungen zeigen. Es kann uns positiv umformen. Nach einem Schlaganfall oder Herzinfarkt oder einer schweren Operation sagen Mitmenschen: „Jetzt lebe ich intensiver, dankbarer", oder „Dieses Leid hat mich verwandelt, hat mir neue Orientierung im Leben gegeben", oder „Ich bin unter der Last stärker geworden", oder „Mir sind Kräfte zugewachsen, die ich in mir nicht vermutet hätte. Ja, ich kann sogar sagen: Gott hat mich mitgetragen."

Dia 3: Eine große Rosette, aus Nägeln gelegt
(Dia 8 aus der oben genannten Dia-Meditation, 2. Auflage)

Denken Sie jetzt an Ihr persönliches Leid, an all die Nägel, die in Ihr Fleisch geschlagen sind. Wenn ich die Nägel, die ich nicht ändern kann, annehme, werde ich reifer. Mein Glaube biegt die Nägel um. Unser Verständnis für die Worte Jesu wächst: „Wenn jemand mir wirklich ganz nahe sein, wenn er endgültig zu mir gehören will, darf er nicht fragen, was ihm dabei geschehen werde. Dann nehme er das Kreuz an, an das sie ihn hängen werden...So soll er hinter mir hergehen. Wer nämlich sein Leben retten will, wird es dabei verlieren. Wer aber sein Leben verliert, weil er zu mir gehört und an mir festhält, wird das wirkliche Leben finden" (Lk 9,23f nach Zink).

Text

I: Das Kreuz des Jesus Christus durchkreuzt, was ist, und macht alles neu.
II: Was keiner wagt, das sollt ihr wagen.
Was keiner sagt, das sagt heraus.
Was keiner denkt, das wagt zu denken.
Was keiner anfängt, das führt aus.
I: Das Kreuz des Jesus Christus... (wie oben)
II: Wenn keiner ja sagt, sollt ihr's sagen.
Wenn keiner nein sagt, sagt doch nein!
Wenn alle zweifeln, wagt zu glauben.
Wenn alle mittun, steht allein.

I: Wo alle loben, habt Bedenken.
Wo alle spotten, spottet nicht.
Wo alle geizen, wagt zu schenken.
Wo alles dunkel ist, macht Licht.

II: Das Kreuz des Jesus Christus durchkreuzt, was ist, und macht alles neu.

(Lothar Zenetti. © Strube Verlag, München – Wien)

Im Glauben können wir alle Nägel überleben. Wir beten gemeinsam: Wir werden leben, überleben, die Ängste überleben. Wir werden leben, überleben, unter den Ängsten weiterleben. Leben ist Hoffnung, Hoffnung aus dem Geist, Geist vom Geiste Jesu. Unser Bruder, unser Licht: schenk uns deinen Geist.

Schuldbekenntnis – Vergebungsbitte – Bitten – Dankpsalm – Segen: siehe Anhang 2–5

Entlaßgruß

Nehmen wir unseren Nagel mit nach Hause und legen wir ihn gut sichtbar hin oder befestigen damit etwas augenfällig an der Wand. Er soll uns an drei Dinge erinnern: Weniger Nägel einschlagen – mehr Nägel herausziehen – und im Glauben Nägel umbiegen, bis sie in Gottes Händen zum Kunstwerk werden.

Lied

(In diese Bußfeier flossen Gedanken von Wilhelm Willms, aus der luft gegriffen, Kevelaer 1976, S. 47–50, ein.)

3 Durch Leid zum Heil

(Bußfeier mit einer Perle)

Vorbereitung
1. Beim Betreten der Kirche erhält jeder Teilnehmer eine künstliche Perle.
2. Während des ganzen Bußgottesdienstes kann ein Dia leuchten, das eine herrliche Perle in einer geöffneten Muschel zeigt. Dieses Dia können Sie für 2 DM plus Porto (am besten in Briefmarken) bei mir bestellen: Glescher Str. 54, D-50126 Bergheim-Paffendorf.

Lied – Persönliche Begrüßung

Hinführung: siehe Anhang 1, Nr. 2, 9, 12, 16, 19, 25, 32, 48, 55, 62, 63

Gebet
Gott, unser Vater. Die Algen im Meer sind mühelos zu erreichen. Wer Perlen sucht, muß tiefer tauchen. So haben wir uns eingefunden, um ganz in unsere Tiefe zu steigen, um der Mitte unseres Lebens zu begegnen. Herr, erleuchte uns dazu mit deinem Heiligen Geist in dieser Stunde. Das bitten wir durch Christus, unseren Herrn.

Gewissenserforschung – Meditation
(Durch Lieder unterbrechen. Wegen der eindringlichen Anschauung kann auf bewußt formulierte Gewissensfragen verzichtet werden.)

1. AUS UNGLÜCK KANN GLÜCK WERDEN!
Erst sieht es wie ein Unglück aus: Ein scharfes Sandkorn gerät in die Weichteile einer Muschel. Das kann tödlich ausgehen. Aus Notwehr gegen das scharfe, schmerzende Etwas bildet die Muschel diesen kostbaren Stoff, der langsam zur Perle wird. Aus Unglück wird Glück. Das heißt im übertragenen Sinne: Etwas Schweres, etwas Unvorhergesehenes, ein Schicksalsschlag muß nicht zur Katastrophe werden. Wir haben schon gehört, daß Menschen nach einem Herzinfarkt anders leben, bewußter leben, dankbarer leben, intensiver leben.
Ähnlich: Wir sehen im Herbst oder Frühjahr, wie Gärtner Bäume und Sträucher unbarmherzig zusammenschneiden, damit sich die Kraft konzentrieren kann.

Oder: Ein Weizenkorn muß sterben, um sich ganz für den neuen Halm zu verzehren. Die Weizenkörner müssen noch einmal sterben, damit aus ihrem zermahlenen Leib das Brot werden kann. Und das Mehl muß sich noch der Glut des Backofens aussetzen, um den Menschen mit knusprigem Brot zu stärken.
Oder: Ich muß erst mit Mühe die harte Schale einer Nuß sprengen, um in den Genuß des Kerns zu kommen.
Nicht alles also, was uns herausfordert, was unsere Kräfte manchmal fast übersteigt, muß schlecht sein. Es kann uns reifer und selbständiger machen.

Stille

Eine Geschichte kann das verdeutlichen: Siehe „Kurzgeschichten 1", Nr. 42: Leid kann stärker machen. (Inhaltsangabe: Ein mißgünstiger Mensch legt einem jungen Palmbaum einen schweren Stein mitten in die Krone. Die Bemühungen der Palme, den Stein loszuwerden, machen sie zur kräftigsten.)
Oder: Die Geschichte von der Perle.
Tief im Meer lag eine Muschel. Sie hatte ihre Schalen geöffnet und ließ das Wasser genießerisch über ihre Zunge fließen. Plötzlich spürte sie etwas Hartes, Spitzes. Ein kleiner Stein hatte sich in ihr festgesetzt. Sie streckte ihren Muskel, um den Eindringling loszuwerden. Umsonst! Der lästige Stein blieb. – Langsam bildete sich um ihn herum eine Perlmutterschicht. Nach vielen Jahren war aus dem Stein eine Perle geworden. Was einmal lästig und schmerzlich war, das war zu etwas Kostbarem geworden.
(Peter Frowein, frei nach „Kurzgeschichten 1", Nr. 43)

Oder: „Kurzgeschichten 2", Nr. 54. (Inhalt: Die stolze, leichtlebige Auster trägt keine Perle in sich.)

Gedanken aus der Hl. Schrift

Auch die Bibel zeigt uns Menschen, die durch das Feuer der Prüfungen und Zweifel gehen, bevor sie Gott und ihr Leben besser verstehen. Da ist zum Beispiel der geduldige Ijob:

I: Es geht ihm gut, dem Mann mit Namen Ijob. Ob er deshalb so selbstverständlich beten und Gott lieben kann?

II: Gott läßt es zu: Ijob verliert seinen Reichtum und alle seine Söhne und Töchter. Diese Schicksalsschläge zermürben.

I: Aber Ijob sagt: „Nackt kam ich hervor aus dem Schoß meiner Mutter; nackt kehre ich dahin zurück. Der Herr hat gegeben, der Herr hat genommen. Gelobt sei der Name des Herrn!" (Ijob 1,21)

II: Es kommt noch härter. Ijob wird krank: bösartige Geschwüre von der Fußsohle bis zum Scheitel.

I: Was noch schlimmer ist: Seine Frau hält nicht zu ihm. Seine Freunde machen ihm Vorwürfe. Er kann nicht mehr beten. Die Prüfungen übersteigen seine Kräfte.

II: Doch Ijob hält diese Hölle aus. Tage, Wochen, Monate. Er klagt Gott nicht an. Er trägt. Auch wenn er Gottes Handeln nicht versteht.

I: Dann ist die Zeit der Prüfung vorüber. Ijob wird gesund. Er spürt wieder die Nähe Gottes. Er erfährt reichen Segen.

II: Die Deutung der biblischen Lehrgeschichte ist offen: Reicher Segen – noch im Diesseits oder im Jenseits?

(*Oder* ähnlich skizzieren: die Josefsgeschichte, der Gottesknecht bei Jesaja, das Schicksal des Propheten Jeremia.)

Meditationsmusik

Lesung

Wir brauchen nicht weiter im Alten Testament zu suchen. Jesus selbst ist durch Leid und Kreuz, dem Willen des Vaters gehorsam, für uns zur kostbarsten Perle geworden. Wer den Wert dieser Perle erkannt hat, stellt alles andere hintenan. „Ihm geht es wie dem Kaufmann, der wertvolle Perlen sucht. Als er eine kostbare Perle fand, verkaufte er, was er besaß, und kaufte sie." (Mt 13,45) Diese Worte sagt Jesus über das Reich Gottes. Der Weg in dieses Reich ist Jesus selbst.

Stille

2. IN DER NACHFOLGE CHRISTI STEHEN

Es gibt eine Geschichte aus China, die ein Gleichnis für die Perle Jesus sein kann, aber auch für jeden, der sich entschließt, ihm nachzufolgen: Siehe „Kurzgeschichten 1", Nr. 49, Geschichte vom Bambus.

(Inhaltsangabe: Ein herrlicher Bambusbaum muß erleben, wie ihm sein Herr die Blätter und Äste abschlägt, ja ihn mitten durchschneiden muß, um ihn gebrauchen zu können: Als Wasserrinne, die die Quelle mit den Feldern verbindet. – Der herrliche Bambus wird erst zum großen Segen, wenn er gebrochen und zerschlagen ist. Wer Christus nachfolgen will, muß damit rechnen, daß es dem Knecht nicht besser ergeht als dem Herrn.)

(Bitte auswählen: Das Bambusbild kann das Perlenbild stören! Oder machen Sie daraus eine eigene Bußandacht: für jeden ein Bambusstück!)

Stille

Überleitung zum Text: Kostbares entsteht nicht von heute auf morgen. „Gut' Ding braucht Weil'", sagt ein deutsches Sprichwort. Oft ist von uns Geduld gefordert: Wir müssen warten können.

Text *(evtl. auf Hintergrundmusik gesprochen – durch Erwachsene!)*

I: Warten können – bis aus der Abwehr gegen ein scharfes Sandkorn eine kostbare Perle wird.
Warten können – bis die Wunden aus Schicksalsschlägen heilen und stark werden.

II: Warten können – bis Prüfungen allmählich einen Sinn durchscheinen lassen.
Warten können – bis die Angst zur Zuversicht wird.

I: Warten können – bis Herz und Verstand sich einig werden.
Warten können – bis wir Beleidigungen mit Güte begegnen.

II: Warten können – bis das Schweigen tiefer wird.
Warten können – bis die Stille spricht.

I: Warten können – bis Satte hungern.
Warten können – bis Geschwätzige still werden.

II: Warten können – bis Geizige teilen.
Warten können – bis ewig Ernste lächeln.

I: Warten können – bis Steine zu Brot werden.
Warten können – bis Zweifel den Glauben gereift haben.

II: Warten können – bis der Glaube Frucht bringt und – schaut.

Vergebungsbitte – Bitten – Dankpsalm – Segen: siehe Anhang

Entlaßgruß

Die Perle in Ihrer Hand ist durch Ihre Gedanken und diese Bußfeier zu einer besonderen Perle geworden. Legen Sie sie zu Hause sichtbar hin. Vielleicht wird sie zum Mittelpunkt einer selbstgebastelten Perlenkette.

Schlußlied

4 Was uns Ginster sagen kann

(Bußfeier mit einem Ginsterzweig)

Vorbereitung
Jeder Teilnehmer erhält einen kleinen Ginsterzweig.

Lied – Hinführung: Siehe Anhang 1, Nr. 1, 12, 14, 31, 32, 59

Gebet:
Herr, unser Gott. Du rufst uns zur Umkehr. Darum stehen wir vor dir. Es geht uns so gut. Oft zu gut. Sende deinen Hl. Geist, daß er uns die Augen öffnet für die Wege, die wir gehen müssen, damit auch unsere Seele wieder mehr atmen kann. Darum bitten wir durch Christus, unseren Herrn.

Ein Wüstenerlebnis:
Zuerst darf ich Ihnen sagen, wieso in dieser Bußandacht der Ginster eine Rolle spielt: Wer schon einmal in der Wüste Sinai sein durfte, weiß, daß sie nicht nur aus Sand und nochmals Sand besteht. Es gibt dort eine Menge Lebewesen: Tiere und Pflanzen; weit verbreitet sind die Ginstersträucher. Diese können unter noch so extremen Bedingungen existieren: Der Ginsterstrauch entwickelt eine Pfahlwurzel, die bis zu 5 m in die Erde reicht, um in den langen Dürrezeiten immer noch an lebenspendende Feuchtigkeit zu kommen. Dazu kann der Ginsterstrauch seine Blätter, besser seine Nadeln, bis zu 95 % verlieren, ohne zu sterben! Um diese Tatsachen sollen heute unsere Gedanken kreisen.

Lesung
In der Hl. Schrift kommt eine Stelle vor, in der ein Ginsterstrauch eine Rolle spielt:
Der Prophet Elija geriet in Angst, machte sich auf und ging fort, um sein Leben (vor dem wütenden König) zu retten. Er begab sich eine Tagereise weit in die Wüste hinein. Dort setzte er sich unter einen Ginsterstrauch und wünschte sich entmutigt den Tod. Er sagte: „Nun ist es genug, Herr. Nimm mein Leben; denn ich bin nicht besser als meine Väter." Dann legte er sich unter den Ginsterstrauch und schlief ein. (1 Kön 19,3–5a)

Text
I: Herr, mein Gott. Mitten im Leben befallen mich plötzlich Ängste und Traurigkeit. Ich kann selber kaum Gründe dafür nennen, aber ich fühle mich dann so niedergeschlagen.

II: Ich bin mutlos, voller Zweifel, sehe keinen Sinn mehr, halte nur Träume in Händen. Meine Maske ekelt mich an. Ich fühle mich so leer. Ich könnte jeden anschreien oder drauflos heulen. Alles ist mir egal.

I: Wer sieht denn meine Seele voller Narben?
Wer hält meine Hand in dieser Dunkelheit?

II: Wenn jetzt einer käme und würde sagen: Ich mag dich trotzdem. Ich nehme dich so wie du bist. Ich brauche dich.

I: Wenn jetzt einer käme, der mich versteht, der aufrichtet, tröstet, Vergebung schenkt. Einer, der mir neue Zuversicht gibt.

Stille

Lesung (2. Teil)
Wir hören, wie es in der Hl. Schrift weiter heißt:
Doch ein Engel des Herrn rührte Elija an und sprach: „Steh auf und iß!" Als er um sich blickte, sah er neben seinem Kopf Brot, das in glühender Asche gebacken war, und einen Krug mit Wasser. Er aß und trank und legte sich wieder hin. Doch der Engel des Herrn kam zum zweiten Mal, rührte ihn an und sprach: „Steh auf und iß! Sonst ist der Weg zu weit für dich." Da stand er auf, aß und trank und wanderte, durch diese Speise (und diesen Trank) gestärkt, vierzig Tage und vierzig Nächte bis zum Gottesberg Horeb. (1 Kön 19, 5b–8)

Stille

Das Wasser und das Brot haben gestärkt. Auch im Neuen Testament spielt das Wasser eine Rolle:
Jesus sagt der Samariterin: „Wer von dem Wasser aus diesem Brunnen trinkt, wird wieder durstig sein. Aber wer von dem Wasser trinkt, das ich ihm geben werde, wird nicht mehr durstig sein; vielmehr wird das Wasser, das ich ihm gebe, in ihm zur Quelle werden, die Wasser für das ewige Leben ausströmt." Da sagte die Frau: „Herr, gib mir dieses Wasser!" (Joh 4,13–15a)
Später stand Jesus im Tempel und rief allen zu: „Wer durstig ist, komme zu mir und trinke! Wer an mich glaubt, dem gilt, was die Schrift sagt: Aus seinem Innern werden Ströme lebendigen Wassers hervorfließen!" (Joh 7,37.38)

Stille

• Glaube ich an Jesus und an sein lebendiges Wasser, das retten kann? Geht meine Pfahlwurzel bis an sein Grundwasser? Haben meine Liebe, mein Hoffen und mein Glauben wirklich Grund in Gott? Glaube ich, daß auch da Hoffnung ist, wo jetzt kein Wachstum sichtbar ist? Daß manches erst in der Dürre reifen muß, ehe es ans Licht kommen kann? Glaube ich an einen Gott, der auch die Dunkelheit mit mir teilt und der gründlicher und weitsichtiger denkt als ich? Der schlägt, aber auch heilt? Der das Band zu mir nie zerreißt?

Meditationsmusik – Lied

Gewissenserforschung – Meditation
(Weitere Gesichtspunkte. Bitte unbedingt auswählen und durch Lieder oder Meditationsmusik unterbrechen.)

1. EINEN „WÜSTENTAG" NEHMEN
Es gibt Wege, die uns vor der Orientierungslosigkeit und der Sünde bewahren können: Die Stille suchen – zum Schweigen und Nachdenken. – Unser Ginsterzweig soll uns ja an die Wüste erinnern. Jeder brauchte pro Woche einen sogenannten „Wüstentag", an dem er zu sich selber, zu seiner Mitte – und damit auch zu Gott – kommen kann. Aber wer kann das schon? Trotzdem die lebenswichtigen Fragen:
• Suche ich noch täglich ein paar Minuten der Stille – des Gebetes? Bin ich deshalb so unzufrieden und ruhelos, weil ich meine Mitte verloren habe? Kenne ich nur noch Arbeit? Lebe ich – oder werde ich gelebt? Was kann ich mir vornehmen, um nicht in der Hetze unterzugehen?

Gedanken aus der Hl. Schrift
Jesus suchte oft die Stille. Hier einige Schriftstellen: Als Jesus all das hörte, fuhr er mit einem Boot in eine einsame Gegend, um allein zu sein. (Mt 14,13) – Nachdem Jesus das getan hatte, stieg er auf einen Berg, um in der Einsamkeit zu beten. (Mt 14,23) – Jesus sagte zu seinen Jüngern: „Kommt mit an einen einsamen Ort, wo wir allein sind, und ruht ein wenig aus!" Denn die Leute, die kamen und gingen, waren so zahlreich, daß sie nicht einmal Zeit zum Essen fanden. (Mk 6,31) – (Alle Großen gingen in die Stille. Alles Große kommt aus der Stille.)

Stille

2. BESCHEIDENER LEBEN
Der Ginsterzweig kann uns sagen, mit wie wenig ich leben kann. – Gerade das Wachstumsdenken, der gesteigerte Konsum, das „Immer-mehr-haben-Müssen" machen uns kaputt:
• Kann ich verzichten? Muß ich alles haben, womit mir die Reklame den Mund wässrig macht? Sind wir deshalb so eingespannt und ruhelos, weil wir uns im Grunde überflüssige Konsumgüter zum Ziel gesetzt haben, die für uns eine Nummer zu groß sind?

3. FASTEN

Durch ein Zuviel sind uns die Augen zugewachsen für das Wesentliche. Die folgende Geschichte kann uns die Augen öffnen:
„Kurzgeschichten 2", Nr. 51: Das Fasten des Holzschnitzers.
(Inhaltsangabe: Ein Meisterschnitzer hat nur deshalb so formvollendet einen Glockenständer aus kostbarem Holz anfertigen können, weil er sich durch langes Fasten ganz auf die klare und reine Figur des Ständers konzentriert hat.)

Lesung

Jesus hat vierzig Tage in der Wüste gefastet und sah danach seinen Weg klarer. Er ging gestärkt in sein öffentliches Wirken. (Mt 4,1–11: Die Versuchung Jesu)

Stille

• Nehme ich das Wort Gottes für mein Leben wichtiger als das Brot für meinen Leib? Spüre ich in mir mehr die Gier nach einem immer höher werdenden Konto als die geöffnete Hand zum Verschenken? Zeigt sich bei mir mehr der Trieb zur Macht als die Bereitschaft zum Dienen?

Meditationsmusik

4. STELLVERTRETENDES FASTEN

Mahatma Gandhi sagte einmal: „Ich wirke in der Welt mehr durch mein Fasten als durch meine Worte!" – Es gibt eine Reihe von Heiligen, die uns vorgelebt haben, wie sie über ihr Fasten und Beten Menschen und Umstände geändert haben: Franz von Assisi, Franziska Schervier, der Pfarrer von Ars.
(Hier können Gedanken und Taten dieser Heiligen in Auszügen vorgetragen werden. Siehe Bußfeier 17 A und 17 B)
• Glaube ich daran, daß ich durch Fasten und Beten Segen auf andere herabrufen kann? Sogar bis in die Herzen derer vordringen kann, die „Vorhänge" vor die Seele gezogen haben? Wann habe ich versucht, ein schwieriges Problem auch so zu lösen?

Stille

Lesung

Hebr 5,7–9 (Jesus ist für alle Urheber des ewigen Heils geworden)
oder Eph 1,3–14 (Durch Jesus haben wir Erlösung)
oder Röm 3,21–26 (Jesus hat Sühne für uns geleistet)
oder Mk 9,29 (Diese Art von Dämon kann nur durch Gebet und Fasten ausgetrieben werden).

Schuldbekenntnis – Vergebungsbitte – Bitten – Dankpsalm – Segen: siehe Anhang.

Entlaßgruß

Stecken Sie den Ginsterzweig für einige Zeit zum Palmzweig hinter das Kreuz, damit Sie sich erinnern an die Kraft der Stille, des Verzichtens und des Fastens.

Schlußlied

5 Sich von der Mitte halten lassen

(Bußfeier mit einer Baumscheibe)

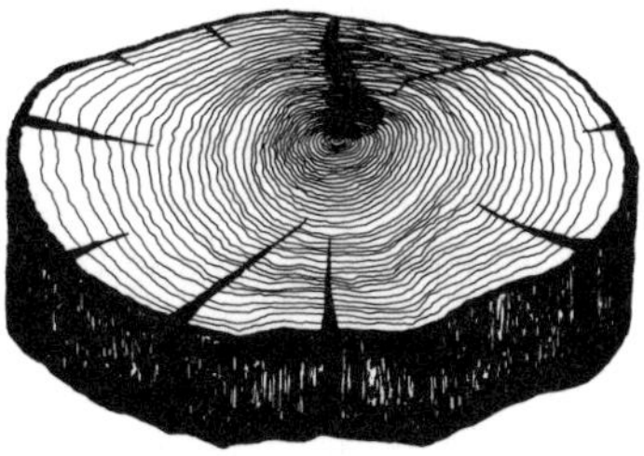

Vorbereitung
Jeder Teilnehmer erhält den Querschnitt eines Baumstammes von etwa 2–3 cm Dicke und 10–12 cm Durchmesser. (In einem Ferienlager wäre es richtig, wenn jeder sich eine Scheibe von einem trockenen Baumstamm selbst absägt, damit es „sein" Baumstück ist.) Bei einem Durchmesser von nur etwa 4 cm kann die runde Holzscheibe später auch an einem Wollfaden um den Hals getragen werden. – In kleinerem Kreis hat es sich bewährt, die Teilnehmer zuerst in der Meditation über die Baumscheibe selbst ihre Gedanken äußern zu lassen.

Lied – Persönliche Begrüßung

Hinführung: siehe Anhang 1, Nr. 1, 4, 8, 12, 14, 17, 22, 31, 59, 64

Gebet
Herr, unser Gott, ein Dichter hat gesagt: ‚Ich lebe mein Leben in wachsenden Ringen, die sich über die Dinge ziehn. Ich werde den letzten vielleicht nicht vollbringen, aber versuchen will ich ihn.' (R. M. Rilke) Wir sind jetzt zusammengekommen, um über unsere „Lebensringe" und über unsere Mitte nachzudenken. Dein Geist sei jetzt mitten unter uns, erleuchte uns und offenbare sich uns. Das bitten wir durch Christus, unseren Herrn.

Meditation – Gewissenserforschung
(Bitte auswählen)

1. JAHRESRINGE ERZÄHLEN
Vor uns liegt die Geschichte eines Baumes. Wie alt ist er geworden? – Das Ereignis eines jeden Jahres ist ablesbar: Es gab sehr feuchte Sommer, dann

sind die Abstände zwischen den einzelnen Ringen größer. Es gab Konkurrenz von Nachbarbäumen, die Luft und Licht nahmen. Es gab Krankheiten...

Die Entwicklung des Baumes, sein Wachsen und Reifen, bisher verborgen hinter der Rinde, liegt offen da.

Auch in unserem Leben gibt es diese unsichtbaren Jahresringe, gibt es Jahr für Jahr ein Reifen und Verändern. Schauen wir zurück:

- Hatte ich genug Platz, um mich voll zu entfalten? Oder stand ich im Schatten anderer? Wurde ich laufend zurechtgestutzt und beschnitten und in Formen gepreßt? Wie bin ich mit den „trockenen" Jahren zurechtgekommen? Bin ich bei allem Überfluß auch innerlich gewachsen? Nehme ich meine Vergangenheit an, um die ich immer wieder Ringe lege, oder träume ich immer noch von einem ganz anderen Leben, das nicht der Wirklichkeit entspricht? Nehme ich mich an, so wie ich bin – mit all meinen Vor- und Nachteilen? Ich kann „Ja" zu mir sagen, weil Gott zu mir „Ja" sagt.

2. DIE INNERSTEN RINGE

Der älteste, innere Teil der Baumscheibe hat sich abgehärtet. Er gab dem Baum das Rückgrat. Auf die ersten Jahre kam es an, weil sie später tragen sollen.

- Kann ich mich jetzt besser verstehen, wenn ich mich an meine ersten Lebensjahre zurückerinnere und soweit ich mir – auch vom Hörensagen – die Atmosphäre im Elternhaus vorstellen kann? Habe ich schon einmal bewußt dazu „danke" gesagt, was mir letztlich geschenkt wurde? Habe ich selbst aufarbeiten können, was die Erziehung an mir versäumt hat?

Stille

Beim Katechetischen Kongreß in Freiburg 1983 trafen sich fast 3.000 „Glaubensvermittler" in kleinen Gruppen von ungefähr 10–15 Personen und versuchten die Frage zu beantworten: Woher habe ich meinen Glauben? Fast alle stellten fest: von den Eltern – auch wenn dieser vermittelte Glaube manche Ablehnung und verschiedene Reifestadien durchgemacht habe.

- Wenn diese ersten Jahre so wichtig sind, fragen wir uns: Habe ich mir genügend Zeit für meine Kinder, besonders im frühesten Alter gelassen? Vermittle ich ihnen die wesentlichen Dinge des Lebens wie Vertrauen, Lieben, Verzeihen...mehr durch meine Haltung als durch meine Worte? Habe ich sie auch mitgenommen auf dem Weg zu Gott oder nur geschickt oder es anderen überlassen?

Stille

3. ZEICHEN DER HOFFNUNG

Vielleicht hat es jeder schon gesehen: Ein Baum, in Stücke gesägt, ist noch nicht tot: Er bringt frische grüne Triebe hervor. Ein Zeichen der Hoffnung, daß auch aus uns noch etwas wachsen kann, wenn wir uns manchmal wie zersägt oder zu Boden geworfen vorkommen. Gott kann uns auch in äußerster Schwachheit noch stark machen.

Lesung

2 Kor 12,7–10 (Wenn ich schwach bin, bin ich stark) oder die Geschichte vom zersägten Ulmenbalken, der wieder ausgeschlagen hat: „Kurzgeschichten 2", Nr. 2, oder „Kurzgeschichten 1", Nr. 2: Die Hoffnung ist unbezwingbar.

4. OFFEN SEIN FÜR NEUES WACHSTUM

Wir hörten: Die inneren Ringe härten sich immer mehr und geben dem Baum das Rückgrat. Aber sie müssen trotzdem beweglich bleiben, um beim Sturm noch biegsam zu sein und nicht gleich abzuknicken. – Unter der Rinde liegt eine hauchdünne Schicht, das Kambium *(ein zeitlebens teilungsfähig bleibendes Pflanzengewebe):* Hier liegen die lebenden Zellen, die wieder einen neuen Jahresring bilden.

Das ist ein schönes Bild für unsere Kirche: Das jahrhundertelange Bekenntnis zu Christus ist das harte Rückgrat der Kirche, das sie hält. Aber außen muß sie beweglich sein, müssen die „Fenster offenstehen" (Johannes XXIII.), soll sie bereit sein zu neuem Wachstum, wenn die Welt heute „mitverarbeitet" werden soll.

- Bilde ich mich weiter, um auf heutige Fragen aus meinem Glauben heraus Antwort geben zu können? Sehe ich die Kirche als Hüterin eines starren Glaubens, der nur in der Sprache der Jahrhunderte verkündet werden darf? Arbeite ich mit an einer Kirche, die offen ist für die Probleme der Zeit und die z. B. in der Liturgie auf den heutigen Menschen zugeht?

Stille

5. DIE MITTE SELBST

Alle Ringe kreisen um die Mitte. Sie sind alle um diese Mitte gelegt, alle auf diese Mitte ausgerichtet. Um welche Mitte kreise ich? Wenn mein Ich die Mitte ist, um das sich alles und alle drehen sollen, dann kann das für mich und andere ein Stück Hölle bedeuten. Mitte für den Menschen soll aber Gott sein: aus ihm kommen wir, und zu ihm gehen wir hin. Gott ist Ursprung, Sinn und Ziel des Menschen. Um ihn sollen wir unsere Jahresringe legen: in

dürren und fruchtbaren Jahren, in guten und schlechten Tagen. Für uns *Christen* ist Jesus Christus die Mitte. Wir hören dazu einige Stimmen: *(Hier kann auf das Leben eines Heiligen eingegangen werden. Heilige = Menschen, durch die in der Nachfolge Christi die Sonne Gottes scheint.)*
Eine Ordensfrau: Es ist unwichtig, ob ich predige oder unterrichte, Kranke pflege oder koche, jung oder alt bin. Entscheidend ist, mein Leben ist ganz von der Liebe zu Christus geprägt. Ihm gehöre ich ganz.
Johannes XXIII.: Mein Leben muß ganz Liebe zu Christus sein und zugleich ganz ausstrahlende Liebe für die einzelnen Menschen und für die ganze Welt.
Johannes Paul II.: Bloße Menschenfreundlichkeit genügt nicht. Die Menschen müssen spüren, daß durch euch ein Anderer wirkt. Denn in dem Maße, in dem ihr eure volle Hingabe an Christus lebt, teilt ihr etwas von ihm mit; und nach ihm verlangt letztlich das menschliche Herz.

Lesung
Wir hören dazu Worte aus der Hl. Schrift:
Lk 10, 38–42 (Jesus bei Maria und Martha)
Joh 15, 1–5 (Weinstock – Reben)
Mt 11,28 (Kommt alle zu mir)

Meditationsmusik

Und aus welcher Mitte lebte Jesus Christus selbst? Er lebte ganz im Gehorsam zu seinem Vater. Das war seine größte Tat – gehorsam auch bei seinem furchtbaren Leiden am Kreuz. Das Wort Gehorsam hat für uns oft den Beigeschmack von Unfreiheit, Willkür, Machtausübung. Aber genau das meint der Gehorsam unter den Willen Gottes nicht. Vielmehr erkennen wir Gott, unseren Schöpfer als unseren guten Vater an. Er ist für uns die Mitte des Lebens. Unser Gehorsam Ihm gegenüber macht uns erst richtig frei. Jeder weiß von sich, wie oft er diese Mitte aus dem Auge verliert und zu sehr auf die eigenen Kräfte vertraut. Darum wollen wir uns in das folgende

Schuldbekenntnis
aber auch in die Reue und den guten Vorsatz ganz hineinversenken:
(Sehr langsam vortragen oder auf Hintergrundmusik sprechen.)
I: Herr, ich erlebe mich mit tausend Begrenzungen. Aus so vielen Bereichen klammere ich dich aus. Ja, oft mache ich nicht einmal den Versuch, nach deinem Willen zu fragen.
II: Aber ich möchte mich nicht mehr um mein eigenes Ich drehen. Ich spüre doch den Leerlauf und die Sackgassen. Ich möchte von meiner

Ichsucht, meiner Habgier, meinem Drang nach bloßer Geschäftigkeit loskommen.

I: Verzeihe mir, Herr, daß ich oft weit von dir entfernt bin. Laß die Fehlschläge meines Lebens mich zu dir treiben. Deine Forderungen sollen mich aus dem alten Trott reißen! Mache mich unruhig und suchend, bis ich deine Hand spüre.

II: Komm, Herr, ziehe mich an dich und werde du meine Mitte! Drehe mein Herz um, und werde du mein Halt, an den ich mein Herz hänge!

I: Komm, Herr, durchglühe mich, belebe mich, werde stark in mir! Sei du die Mitte meines Denkens, Fühlens und Wollens!

II: Sei in meinem Herzen, in meinen Worten, in Augen, Ohren und Händen! Und geh' mit mir, wo niemand mit mir gehen will!

Stille

Vergebungsbitte: siehe Anhang

Bitten: siehe GL 29,6, gemeinsam beten.

Dankpsalm – Segen: siehe Anhang

Entlaßgruß

Nehmen Sie die Baumscheibe zur Erinnerung mit. Vielleicht malen Sie auf die Rückseite mit Fingerfarbe oder Öl ein schönes Motiv.

Schlußlied

6 Ein Stück Stoff – Abbild des eigenen Lebens

(Bußfeier mit einem Stückchen Stoff)

Vorbereitung
Für jeden ein Stückchen Stoff (ca. 7 x 7 cm), das den Gewebecharakter (Kette und Schuß) erkennen läßt.

Lied – Persönliche Begrüßung

Hinführung: siehe Anhang 1, Nr. 4, 21, 49, 55

Gebet
Herr, an den einfachen Dingen in unserem Leben können wir ablesen, wofür wir da sind: an den Blumen des Feldes, an einer Ähre, an einer Muschel und heute: an einem Stückchen Stoff, von dem wir soviel am Leibe tragen. Hilf uns und erleuchte uns, damit es uns durchzuckt: Das willst du mir heute sagen. Darum bitten wir durch Christus, unseren Herrn.

Gewissenserforschung – Meditation
(Bitte auswählen und mit Liedern unterbrechen!)

1. EIN STÜCK STOFF – WIE UNSER LEBEN
Wir betrachten das Stückchen Stoff in unseren Händen. Erinnern wir uns, wie solch ein Gewebe entsteht: durch Fadenverkreuzung von Kette und Schuß. Die Kette, das sind die Längsfäden, das ist das Leben – von Gott geschenkt. Die Schußfäden, d. h. die Fäden, die quer durchgeschossen werden, sind wir, sind unsere Taten. Auf dem von Gott zugewiesenen Stück im riesigen Tuch dieser Welt weben wir unser Leben. Mit unserem freien Willen können wir das Aussehen, den Aufbau, die Dichte und die Stärke des Gewebes bestimmen: grob oder fein, gemustert oder uni, glänzend oder matt; es liegt an uns, ob dieses Gewebe haltbar, geschmeidig, griffig, steif oder fest ist. (Stoffe aus grober Schafwolle wirken nicht so elegant wie Seide, aber wärmen herrlich.) Am Ende unseres Lebens werden wir unserem Schöpfer das Stückchen Stoff unseres Lebens überreichen, Abbild des eigenen Lebens.

• Webe ich mit kräftigen Fäden? An einem wirkungsvollen Muster? Mit hübschen Farben? Falls ich Fehler eingewoben habe, bemühe ich mich um eine Korrektur? Kann ich mit den fehlerhaften Stellen, die ich im Leben nicht korrigiert habe, leben? Sage ich ja zu mir? Habe ich mich schon einmal ganz für das Erbarmen Gottes geöffnet? Lasse ich ihn stark in mir sein, wo ich ganz schwach bin?

Evtl. **Lesung**
Jes 38, 10–17: Wie ein gewobenes Tuch schneidest du mich ab. (Siehe auch Stundenbuch Advent, Psalterium 2. Woche, Dienstag, Laudes, Canticum.) Siehe Ijob 7,6: Schneller als das Weberschiffchen eilen meine Tage, der Faden geht aus, sie schwinden dahin.

Stille

2. „GEMEINSCHAFT" VIELER FÄDEN

Wir fühlen unser Stückchen Stoff und schauen darauf: Jeder Faden für sich allein spendet keine Wärme, ist kein schützendes Kleidungsstück, keine warme Decke. Das vermögen nur viele Fäden im großen Stück Stoff der Gemeinschaft. Wie eine altrussische Weisheit sagt: Jeder im Dorf spendet einen Faden, und der Nackte hat ein Hemd.

• Dürfen die Fäden neben mir ganz anders sein? Hauptsache: wir wärmen. – Akzeptiere ich den anderen trotz seiner Fehler? Oder reiße ich durch mein Naserümpfen, meine Überheblichkeit und Distanz ein Loch zum anderen? Wie gehe ich mit wichtigen und wie mit schwachen Fäden um? Sehe ich unser gemeinsames Ziel? Wie stehe ich zur Gemeinschaft der Christen? Gehöre ich zu denen, die sonntags frösteln lassen, weil beim Gottesdienst so viele Fäden nicht da sind? Wen habe ich schon geworben, mitzukommen in die vielen kleinen und großen Gruppen, die Christus zum Ziel haben? Und wenn auch manches hier nicht stimmt: Habe ich kein Vertrauen mehr in Gottes Geist, der vielleicht gerade durch mich etwas verändern will?

Wir hören aus der Hl. Schrift vom heiligen Paulus, wie es zwischen den Fäden, d. h. in einer Gemeinschaft, zugehen sollte:

Lesung

(1 Sprecher zu Gitarrenmusik:) Röm 12, 10–18 (Was verbinden kann)
Oder „Kurzgeschichten 2", Nr. 176: Der Mandelbaum.
(Inhaltsangabe: Der stolze Mandelbaum will nicht, daß der Wiedehopf die Würmer aus seiner Rinde zieht – bis sie schließlich den Baumstamm ausgehöhlt haben und der Wind den Baum umwirft.)

• Lasse ich mir von anderen helfen, oder weiß ich alles besser? Kann ich Kritik vertragen? Überdenke ich sie – und richte mich gegebenenfalls danach?

Oder: Bin ich bereit, der Gemeinschaft zu dienen? Dazu die Geschichte von der Gitarrensaite, die eingespannt wird:

Es war einmal eine Gitarrensaite. Sie lag dicht neben der Gitarre und dachte: „Wenn ich so daliege, dann bin ich frei; bin ja nicht eingespannt. Das fehlt gerade noch: Ich mich einspannen lassen auf dem altmodischen Klangkörper und dann noch neben die brummige Baßsaite rechts und die abgegriffene d-Saite links! So weit kommt das noch!"
Sie konnte die alte Gitarre und die Nachbarsaiten nicht gut sehen. Aber immer unglücklicher wurde die Gitarrensaite in ihrer einsamen Freiheit. Sie lag daneben und dachte: „So kann's nicht weitergehen."
Da war auch ein Spieler, der sein altes Instrument sehr liebte. Er hatte sich geschworen, niemals eine Saite einzuspannen, wenn sie nicht wollte. So mußte er oft lange, lange warten, bis er wieder spielen konnte. Und nun sah er, wie die Gitarrensaite, am Boden liegend, unter ihrer Bedeutungslosigkeit litt. Er dachte: „Wenn du wüßtest, was in dir steckt, welche Musik!" Da sah er, wie die Saite ihn anblickte voller Not und Sehnsucht.
Da nahm er sie. Behutsam spannte er sie ein, immer etwas mehr. Sie begann zu klingen – immer besser. Da – nun hat sie die ihr genau entsprechende Tonlage erreicht, und unversehens klingt sie in Harmonie mit den ganz anderen Nachbarsaiten. Das Spiel kann beginnen. Und Scharen von Menschen können begeistert werden.

(Klemens Emmerich in Heft 20 „Zur Pastoral der geistlichen Berufe", Hg.: Informationszentrum Berufe der Kirche, Freiburg)

Evtl. **Lesung**
1 Kor 12,12–14.21.26–27: Viele Glieder, ein Leib.
• Biete ich meiner Pfarre oder einer anderen Gemeinschaft meine Fähigkeiten an? Wie soll eine lebendige Arbeit in einer Pfarre möglich sein, wenn ich nicht ein Stück von mir hineinopfere? Wenn du wüßtest, was in dir steckt!

3. DIE LÖCHER IM KLEID DER MENSCHHEIT

Angesichts des großen Loches im Kleid der Menschheit, angesichts der Not in aller Welt, müssen wir Fäden willig sein, uns für die Beseitigung des Loches einspannen zu lassen. Zwei Gedichte zu diesem Thema haben viele in den beiden letzten Jahren erregt: Sie seien wiederholt; sie sollen wehtun. Denn an keiner Stelle friert die Menschheit so wie an diesem Loch der Ungerechtigkeit und Armut!

Texte

Gestern sah ich ein Tier
im Schmutz des Hofes,
das suchte sich was zu fressen
zwischen den Abfällen.
Wenn es etwas gefunden hatte,

untersuchte es das nicht,
roch nicht einmal daran.
Es schlang alles gefräßig hinunter.
Das Tier war kein Hund,
war keine Katze,
war keine Ratte.
Das Tier, mein Gott,
war ein Mensch.

(Manuel Bandeira in: Predigtanregungen,
Teil 3, Misereor 83)

Trinkspruch in der Favela

Trinkt mit mir, Freunde!
Freunde, trinkt
und freut euch wie wir!
Wir trinken
auf unseren Sohn.
Felipe soll er heißen.
Er hat es gut.
Ihm wird nichts fehlen.
Er wird nicht
Hunger,
Verzweiflung,
Ungerechtigkeit
kauen wie wir.
Trinkt, Freunde,
trinkt und freut euch
wie wir;
denn unser Sohn Felipe
ist
tot.

(Christa Peikert-Flaspöhler, Stellenangebot, Gedichte.
Lahn-Verlag, Limburg [2]1982, S. 55)

- Hat uns das Misereor- (oder Adveniat-) Opfer wehgetan? Mußten wir uns einschränken? Haben wir wirklich geteilt?

4. DER LEIBROCK JESU (SEXUALITÄT)

(Vorbemerkung: Es ist zugegebenermaßen etwas abenteuerlich, vom Leibrock Jesu zur Sexualität zu kommen. Aber ich rang mich durch, dieses Kapitel stehen zu lassen, weil dieser Bereich sonst nirgendwo angesprochen wird.)

Dieses Stückchen Stoff in meiner Hand erinnert mich noch an etwas anderes: an ein Stück Stoff im Neuen Testament. Beim Evangelisten Johannes heißt

es: „Nachdem die Soldaten Jesus gekreuzigt hatten, nahmen sie seine Kleider und machten vier Teile daraus, so daß jeder Soldat einen Teil erhielt. Ebenso nahmen sie den Leibrock, der ohne Naht von oben her ganz durchgewebt war..." (Joh 19,23).
Wer um die Härte damaliger Hinrichtungsszenen weiß, kann sich vorstellen, daß Jesus nackt am Kreuz hing und nicht mit einem Stoffetzen bekleidet war, wie es uns fromme Darstellungen zeigen. Drei Stunden nackt am Kreuz! Dieser Gedanke soll für uns Anlaß sein, einmal den Bereich der Sexualität zu streifen, der sonst in Bußfeiern und Gewissenserforschungen kaum noch genannt wird.

- Weißt du, was Liebe ist? Weißt du, daß der menschliche Körper aus Leib *und* Seele besteht und daß diese beiden Dimensionen nicht auseinandergenommen werden dürfen? Sie müssen unbedingt in der Balance bleiben, wenn nicht die Person des Menschen zerstört werden soll!

(Vgl. W. Willms, mit gott im spiel, S. 181)

Ordnen wir den Komplex ‚Sexualität' richtig ein? Habgier oder Machtgier, die Streit und Krieg heraufbeschwören, können die Seele des Menschen viel mehr zerstören.
Können wir noch zärtlich sein? Erfühlen Sie sich den Leib des Partners oder benutzen Sie ihn nur? Bleiben Sie auch noch bei ihrem Partner, wenn Sie für sich selbst „genug" haben? Wann haben Sie ihm das letzte Mal gesagt: „Ich liebe dich! – Ohne dich könnte ich nicht leben!"?
Geben wir uns Mühe, über unsere Gefühle zu sprechen? Wissen die Älteren unter uns, daß sie auch dann noch ihrem Partner die körperliche Liebe zeigen sollen, wenn keine Kinder mehr gezeugt werden können?
Sind die Gründe der Jüngeren stichhaltig, Kindersegen zu verhüten? Wissen sie, daß sie dann am intensiven Leben vorbeigehen? Setze ich die Sexualität bei meinem Partner gezielt als Waffe ein, um etwas zu erreichen? War ich treu – auch in Gedanken? Sorge ich dafür, daß die Familie, die kleinste Zelle aller Gemeinschaften, gesund bleibt?

- *Für Jugendliche:* Wie steht es mit meinen Beweggründen, wenn ich einen Freund oder eine Freundin suche: Erwarte ich nur Befriedigung *meiner* Gefühle? Mache ich andere madig, weil sie keine Freundin oder keinen Freund haben? Ist Liebe für mich nur „Fummelei" und Sex, Neugier und Austobenwollen? Gehöre ich zu denen, die unfair Abschied nehmen, d. h. eine Freundschaft auf Kosten des anderen beenden? Achte ich die Gleichberechtigung, aber auch die Andersartigkeit des anderen Geschlechts? – Kann ich verzichten?

Versuche ich, die Zielvorstellung der Kirche, erst nach der kirchlichen Heirat mit dem Partner sexuell zusammenzuleben, zu befolgen? Oder schiebe ich sie mit allzu billigen Argumenten beiseite?

Habe ich schon einmal überlegt, eventuell in einem kirchlichen Beruf sogar ehelos zu leben?

(nach Martin Patzek, „Gottesdienste mit Kindern und Jugendlichen“, Bergmoser + Höller Verlag, Aachen, 12/82)

Text

Deine Höllenbilder, Maler Hieronymus Bosch, sind voller Schrecken,
doch harmlos gegen das,
was in Wirklichkeit heute geschieht.
Da leben Menschen
zwanzig Jahre und länger zusammen
und haben nicht den Mut,
einander zu sagen,
wie ihnen wirklich zumute ist.
Sie reden viel, um nicht
etwas von sich selbst sagen zu müssen.
Ihre Seelen sind abgetrieben worden.
Nun leben sie
mit einer Totgeburt weiter.
Sie leben zusammen,
öd und leer.
Sie befriedigen einander
mit ihrem Körper,
und ihre Seele weint.

(Martin Gutl: Ich falle in Deine Hände, Meditationstexte, 2. Aufl. 1980, Verlag Styria, Graz/Wien/Köln)

5. DIE TÜCHER DER VERGEBUNG

Das Entscheidende bei der Zusammenkunft in einer Bußfeier oder Beichte ist unsere Versöhnungsbereitschaft. Sie leuchtet aus der folgenden Geschichte: „Kurzgeschichten 1“, Nr. 221: Tausend bunte Tücher.
(Inhaltsangabe: Der Strafgefangene erkennt bei seiner Heimfahrt an den Tüchern im Apfelbaum: Er ist wieder willkommen.)

- Wem muß ich noch die Tür öffnen? Vielleicht wohnt er sogar in der eigenen Familie!

Schuldbekenntnis – Vergebungsbitte – Bitten – Dankpsalm – Segen: siehe Anhang 2–5.

Entlaßgruß

(Vielleicht wird die Geschichte mit den Tüchern – Gewissenserforschung Punkt 5 – den Besuchern mitgegeben.)

Nehmen wir das kleine Stück Stoff als Erinnerung an diesen Gottesdienst mit. Wenn unser Blick darauf fällt, soll es uns sagen: Vergebung ist mit das Wichtigste, was wir in unser Lebensmuster hineinweben sollen.

Schlußlied

(N. b.: Wenn Sie noch an zwei lyrischen Texten zum Thema interessiert sind, schreiben Sie mir bitte: Willi Hoffsümmer, Glescher Str. 54, D-50126 Bergheim-Paffendorf. Bitte Rückporto und Entgelt für 2 Kopien beilegen!)

7 Der lange Weg zum Frieden

(Bußfeier mit einer Friedenstaube)

Vorbereitung
Jeder Teilnehmer erhält eine Friedenstaube nach obenstehendem Muster: aus dünner, bunter Pappe geschnitten, mit einem Aufhänger aus Wolle und auf der Rückseite mit einem Spruch zum Frieden aus der Bergpredigt Mt 5–7 (Eine lohnende Aufgabe für eine Jugendgruppe). Die Friedenstaube kann auch von Kinder- oder Jugendgruppen in entsprechender Anzahl als Plätzchen gebacken oder emailliert werden.
Oder eine Taubenfeder für jeden Teilnehmer.

Lied – Persönliche Begrüßung

Hinführung: siehe Anhang 1, Nr. 1–6, 8–10, 12–15, 21, 22, 26–28, 30, 31, 35, 37, 49, 50, 53, 57, 60, 66, 68

Gebet
Mächtiger Gott! Mit der Friedenstaube in der Hand stehen wir fast hilflos vor der Macht des Bösen und der Gewalt in dieser Welt. Die Forderungen deines Sohnes nach Frieden und Versöhnungsbereitschaft übersteigen oft unsere Kräfte. Schenke uns deinen Heiligen Geist, damit wir erkennen, daß ein Krieg im Kleinen wie im Großen noch weit größere Opfer erfordert als

die Erhaltung des Friedens. Schenke uns auch Klarheit und Einsicht, ob unsere eigene Haltung zum Frieden in der Welt beitragen kann. Darum bitten wir durch Christus, unseren Herrn.

Text *(zu Hintergrundmusik gesprochen)*
Es ist allzu wenigen lebendigen Christen bewußt, daß sie im vollen Ausschöpfen ihrer Möglichkeiten um den Frieden kämpfen müßten. Es ist eine unleugbare Tatsache, daß sich gerade kirchlich verwurzelte Christen im Durchschnitt weniger um Friedensarbeit bemühen als andere, die nicht diese Bindungen haben. Unser Friedensbemühen muß den Mut zu kleinen Schritten haben. Hier heißt die Losung nicht: alles oder nichts! Es gilt, in zäher, unverdrossener Geduld ein Klima für den Frieden zu schaffen; die Einstellung zum Krieg umzuändern; öffentliche Meinung zu formen für eine friedliche Lösung der verschiedenen Konflikte; es gilt, die Wurzeln, aus denen Hader und Krieg erwachsen, zu sehen und auszureißen.
(Kardinal Julius Döpfner)

Gewissenserforschung – Meditation
Wir wollen uns heute fragen, welche Haltungen zum Frieden in unserer Welt beitragen, damit sich die Friedenstaube auf jede Schulter setzen kann. Einige Kurzgeschichten sollen uns jeweils dabei helfen. *(Bitte auswählen und durch Lieder unterbrechen!)*

1. SELBSTLOS SEIN
„Kurzgeschichten 1“, Nr. 167: Die weiße Rose.
(Inhaltsangabe: Eine weiße Rose, die jedem in einem Kloster den Tag seines Todes anzeigt, wird von einem Mönch egoistisch auf den Nachbarsitz gelegt. Damit war der Friede in der Gemeinschaft gestört. Niemand sah mehr diese Rose.)
• Wo ist durch meinen Egoismus Unfriede entstanden? Trete ich zu bestimmend auf? Können sich andere durch meine Geltungssucht nicht entfalten? Ist mein Ehrgeiz zu groß? Beherrsche ich meine Triebe? Kann ich noch wirklich verzichten? Auf welchem Gebiet bin ich süchtig?...

2. BARMHERZIG SEIN
„Kurzgeschichten 2“, Nr. 45: Wie man einen Menschen bekehrt.
(Inhaltsangabe: Die barmherzige Haltung des Rabbi, der das Kind lange schweigend liebhält, vermag es zu ändern.)
• Bin ich zu streng? Unbarmherzig bei den Fehlern anderer? Mache ich gerne Vorwürfe? Schreie ich schnell bei Auseinandersetzungen? Schlage ich

drauflos? Jesus hat die Haltung seines Vaters oft mit „barmherzig" umschrieben. Ist schon etwas davon in meiner Haltung zu spüren?
(Hier evtl. Lesung: Lk 15,11–32: Der barmherzige Vater oder Mt 5,7; Lk 6,36; Eph 2,4.5; 4.26–32; Kol 3,12–15)

3. RÜCKSICHTSVOLL SEIN
„Kurzgeschichten 2", Nr. 117: Mach mir ein Netz.
(Inhaltsangabe: Erst dem dritten Greis, der um das Knüpfen eines Netzes anhält, erfüllt Altvater Achilos die Bitte. Denn dieser Greis, der in schlechtem Ruf steht, könnte bei einer Ablehnung auf die Idee kommen, wegen seiner Sünde wolle er ihm das Netz nicht knüpfen.)
• Zeige ich Fingerspitzengefühl im Umgang mit meinen Mitmenschen? Nehme ich auf die Gefühle der anderen Rücksicht? Verletze ich andere mit meiner Kritik? Neige ich zur üblen Nachrede? – Berührt mich die Not anderer – oder habe ich mir ein dickes Fell und die üblichen Ausreden zugelegt? Habe ich mich durch Enttäuschungen verbittern lassen?

4. DEMÜTIG SEIN
„Kurzgeschichten 2", Nr. 47: Der durchlöcherte Korb mit Sand.
(Inhaltsangabe: Altvater Moses will nicht im naheliegenden Kloster einen Mönch aburteilen. Schließlich kommt er mit einem durchlöcherten Korb, aus dem der Sand rinnt: „Das sind meine Sünden, die ich nicht sehe, und jetzt soll ich über fremde Sünden den Stab brechen?")
• Sehe ich meine Fehler überhaupt? Welche habe ich? Welche Fehler kenne nur ich alleine? Habe ich ein Recht, mich über andere zu erheben? Wo wäre Frieden möglich, wenn ich nicht als Verurteilender, sondern als Demütiger nähertrete?...
(hier evtl. Lesung: Joh 8,2–11: Jesus und die Ehebrecherin)

Text *(evtl. aus drei Richtungen sprechen)*
I: Dem da – ganz vorne,
der mich auf der Straße regelmäßig übersieht –
II: Dem da – mehr in der Mitte,
der schon so viele Verleumdungen über mich in die Welt gesetzt hat –
III: Dem da – ganz hinten,
der mir zu dumm und gewöhnlich ist –
I: Dem da – ganz rechts,
der mich in Diskussionen so maßlos aufregt –
II: Dem da – ganz links,
dem Spinner, dem Angeber, der mich belächelt –

III: Und dem da,
der mit Frau und Kindern so umspringt,
der sich hier so lange nicht hat blicken lassen,
der so scheinheilig ist und nur an seine Fassade denkt –
I: Ja – genau dem – möchte ich jetzt die Hand geben!
II: Ja – genau dem – wünsche ich den Frieden!
III: Ja – genau mit dem fange ich neu an!

5. KLUG SEIN

„Kurzgeschichten 1", Nr. 154: Sonne und Sturm stritten sich.
(Inhalt: Wer kann dem Wanderer den Mantel entreißen? Der Sturm (= Wut, Erregung) oder die Sonne (= Freundlichkeit)?

• Wo fehlt mir „die Sonne" (= Takt, Güte, Höflichkeit, Klugheit) zum Öffnen der inneren Türen meiner Mitmenschen? Habe ich darüber hinaus aus meiner christlichen Überzeugung genügend Kraft, sogar vor unsympathischen Menschen und Feinden die Tür nicht zuzuschlagen?

Oder: „Kurzgeschichten 2"; Nr. 175: Gerechtigkeit.
(Inhaltsangabe: Ein Sterbender läßt den älteren Sohn das reiche Erbe aufteilen, und der jüngere darf zuerst wählen.)

• Bin ich gerecht? Sorge ich für Gerechtigkeit?

6. VERZICHTEN KÖNNEN

Kurzgeschichte: Ein Mann trat das Erbe des Vaters an, dem vor Jahren ein Grundstück unrechtmäßig fortgenommen worden war. Alle warteten auf die Fortführung des Rechtsstreites. Aber der Mann ließ das Grundstück seinem Widersacher und bezahlte sogar noch die anfallenden Notarkosten.

(Nach einer anonymen Quelle, frei nach „Die Blumen des Blinden", Kurze Geschichten zum Nachdenken, Chr. Kaiser Verlag, München 1983)

• Haben mich manche Auseinandersetzungen nicht schon mehr Nerven und Mühen gekostet, als was sie letztlich einbringen? Was hindert mich, in diesem oder jenem Streit auf mein Recht zu verzichten? Wie würde Jesus sich in meinem Fall verhalten?
(Warum sammle ich nicht mehr Schätze in den Tresoren Gottes?)

Stille

7. MUT HABEN

Kurzgeschichte: Ein katholischer Erzbischof in den USA behält als Protest gegen die atomare Rüstung der Vereinigten Staaten 50 % seiner zu zahlenden Einkommensteuer zurück und ist auch bereit, die eventuelle Gefängnisstrafe von bis zu fünf Jahren und die Zahlung von jeweils 10.000 Dollar Strafe für jedes Jahr seiner Steuerverweigerung in Kauf zu nehmen.

Ein Beispiel, das nicht diskutiert werden soll, aber ein Beispiel, das zeigt, wozu christliche Gewissensüberzeugung führen kann.

• An welcher Stelle sollte ich mehr Mut und Phantasie zeigen, um wirklichen Frieden in der Welt zu beschleunigen?

Stille

Text

I: Heute ist der Tag, der morgen zählt!
II: Wer morgen erst gut wird, ist heute noch böse.
Wer morgen erst Frieden macht, lebt heute noch im Krieg.
I: Wer gestern versagt hat, kann heute was tun!
Wer gestern geschwiegen, schrei' heut von den Dächern!
II: Wer morgen erst anfängt, sorgt heut' noch für Krieg.
Heute ist der Tag, der morgen zählt!

(frei nach Kurtmartin Magiera)

Stille

Lesung

Wir wollen uns an der Haltung Jesu messen, der den Menschen nicht den Kopf waschen wollte (außer den Heuchlern), sondern...
Joh 13,4–17 (Jesus wäscht die Füße), oder evtl. Mt 20,25–28 (Nicht herrschen, sondern dienen).

Meditationsmusik

Schuldbekenntnis – Vergebungsbitte: siehe Anhang

Friedensgruß

Wenn die Friedenstauben gebacken sind, wäre hier die Stelle, wo unsere Friedensbereitschaft „durch den Magen" gehen kann. Die Friedenstauben als Anhängsel können jetzt gegenseitig um den Hals gelegt werden. Dadurch bekommt auch jeder einen neuen Spruch.

Bitten – Dankpsalm – Segen: siehe Anhang

Entlaßgruß

Nehmen wir die Friedenstauben mit nach Hause. Die Tauben sind in stundenlanger Arbeit von Kindern und Jugendlichen hergestellt worden: ein kleines Zeichen des Friedens – auch zwischen den Generationen.

Schlußlied

8 „Herr, laß mich ankommen!“

(Bußfeier mit einem Schneckenhaus)

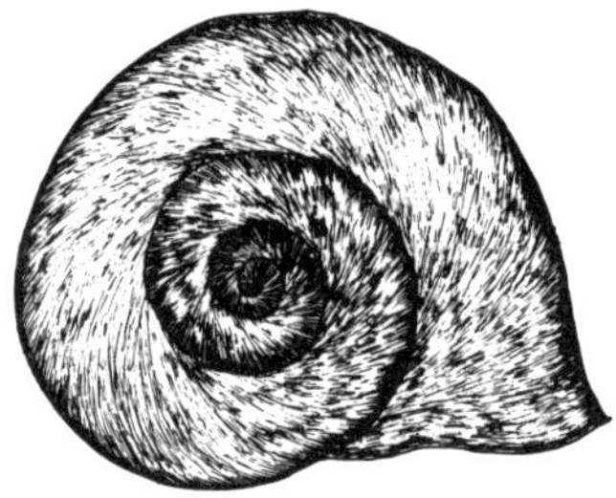

Vorbereitung

Jeder erhält das leere Schneckenhaus einer Weinbergschnecke. – Es genügt auch ein Dia. – Wenn jeder das gezeichnete Bild eines Schneckenhauses bekommt, könnte in die Öffnung auch ein schematisiertes Menschengesicht (zum Ausmalen) angedeutet werden. Auf der Rückseite stünde dann der Text: „Gib, Herr, den Mut, unsere Schneckenhäuser zu verlassen, in die uns Angst, Verbitterung oder Mißtrauen getrieben haben.“

Zusätzlich erhält jeder das Gebet einer Schnecke:

Du weißt, Herr, ich bin nicht eine der Schnellsten.
Ich trage mein Haus, habe Stummelfüße,
muß lange nachdenken über den Weg.
Die Augen sehen bis zum nächsten Grashalm.
Vielleicht bin ich manchmal an dir vorübergekrochen
und habe dich nicht erkannt.
Vergib, Herr, der du zählst die Schleimspuren
im Schotter, und laß – wenn auch spät –
die Lastenträger, die langsamen,
ankommen bei dir.

Rudolf Otto Wiemer

Lied

Persönliche Begrüßung

Darin auch die Bemerkung: Die Schönheit dieses Schneckenhauses hat mich sehr angesprochen, obwohl ich kein Fan von Weinbergschnecken bin. Ich würde mich freuen, wenn Sie beim Anblick dieses Wunderwerkes keinen Widerwillen überwinden müssen, damit wir ganz frei werden für dieses Gleichnis: Das Leben der Schnecke als Spiegel für unser eigenes Leben.

Hinführung: siehe Anhang 1, Nr. 4, 6, 15, 29, 33, 36

Gebet

(Wir sprechen gemeinsam das „Gebet der Schnecke“ oder:)
Herr, unser Gott, wir rufen dich an! Oft kriechen wir so mühselig wie diese Schnecke von Aufgabe zu Aufgabe, und unsere Augen sehen nur bis zum nächsten Grashalm. Nimm uns die Angst, wir kämen zu kurz oder zu spät, wenn wir das Tempo dieser Zeit nicht immer mitgehen. Laß uns nicht zwei Schritte auf einmal tun wollen, damit unsere Seele endlich nachkommen kann. Geh bitte mit, Herr, auf unserem Weg, Schritt für Schritt. Und laß uns, auch wenn wir nur langsam vorankommen, einmal ankommen bei dir. Darum bitten wir durch Christus, unseren Herrn.

Gewissenserforschung – Meditation

(Bitte auswählen und durch Lieder unterbrechen)

1. STAUNEN KÖNNEN

Wir nehmen das Schneckenhaus in die Hand und sehen es uns von allen Seiten genau an. Ist es nicht ein Kunstwerk? Und wie entsteht so etwas – millionenfach?! Dabei gleicht kein Schneckenhaus dem anderen!

- Sehe ich noch solche Herrlichkeiten am Wege? Kann ich noch staunen über die grenzenlose Phantasie Gottes? Was alles nehme ich nicht wahr, was mir weiterhelfen kann?

Bin ich deshalb manchmal so unzufrieden, weil ich die kleinen Wunder am Wege nicht mehr sehe und dafür danke? Zertrete ich manchmal das kleine Glück – wie so ein Schneckenhaus – und bin deshalb unfähig für das große Glück?

Stille

2. ALTERNATIV LEBEN

Wie einfach und anspruchslos diese Schnecke lebt! Was sie zum Leben nötig hat, kann sie bei sich tragen.

- Wir haben tausend Dinge – sind wir deshalb zufriedener? Wir tun den Kindern keinen Gefallen mit den tausend Spielsachen, mit denen wir sie zudecken! Machen die vielen Videofilme uns glücklicher? Werden wir mehr Mensch, wenn wir beim Kabelfernsehen bald unter zehn Programmen wählen können?

„Mit wie wenig komme ich aus!“ sagt uns die Schnecke.
Soll ich mich nicht fragen bei allem, was ich mir noch anschaffe: Ist das wirklich notwendig? Bringt mich das weiter? Ersetze ich nicht persönliche Beziehungen zu meiner Familie, zu meinen Mitmenschen durch unpersönli-

che, tote Dinge? Was ist mir wichtiger? Auf diesem Hintergrund wollen wir hören, was Jesus uns sagt:

Lesung
Langsam wird jetzt Mt 6,19–21. 25–33 (Von der falschen und der rechten Sorge) vorgelesen.

Stille

3. SICH ZEIT LASSEN
Wieviel Zeit läßt sich die Schnecke für ihren Weg!
• Verpassen wir nicht vor lauter Hetze die entscheidenden Dinge, z. B. daß sich ein Mensch für mich öffnen will und – ich habe keine Zeit, wohl aber Zeit für verhältnismäßig nutzlose Dinge? Nehme ich mir genügend Zeit für mich selbst? Für Dinge, die mich entspannen, gute Lektüre, wirkliche Gespräche, ausreichenden Schlaf? Nehme ich mir genügend Zeit für alle, die mir besonders nahestehen, für meine Familie? Habe ich für Gott nur dann Zeit, wenn mir gar nichts anderes mehr einfällt? Wie oft spreche ich mit ihm? Zum Vergleich: Wäre meine Ehe nicht schon kaputt, wenn ich meinem sichtbaren Partner so wenig zu sagen hätte?
(Hier eventuell zur Verdeutlichung eine Geschichte, z. B. die Stille und die Ruhe können uns weiterbringen: „Kurzgeschichten 1“, Nr. 223: Der Wanderer.
(Inhaltsangabe: Ein Wanderer ist auf dem Rücken einer Riesenschildkröte eingeschlafen. Am nächsten Morgen findet er sich in einer anderen Umgebung wieder.)
Oder: „Kurzgeschichten 1“, Nr. 224–228.

4. GEFÜHLE ZEIGEN
Als Jungen haben wir früher solche Weinbergschnecken gesucht und ließen sie dann ein Wettrennen machen. Uns hat dabei immer imponiert, daß die Fühler der Schnecken so hochempfindlich wie Antennen reagierten. Denn kamen wir ihnen mit einem Gegenstand zu nahe, dann war vorerst „Sendepause“. Wenn's zu arg kam, zogen sie sich sogar ins Gehäuse zurück.
• Wie reagiere ich? Mache ich es genauso wie die Schnecke? Bin ich sehr empfindlich und schnell eingeschnappt, wenn mir einer zu nahe kommt? Versuche ich, Probleme zu lösen, indem ich mich sehr schnell in mein Schneckenhaus zurückziehe – mißtrauisch oder übervorsichtig oder ängstlich? Bin ich sehr lange nachtragend? Suche ich die Schuld immer nur bei den anderen? Oder habe ich den Mut, Gefühle zu zeigen? Bekämpfe ich mein Herzklopfen bis in den Hals, um meine Meinung auch zu äußern und mich nicht immer in die Ecke drängen zu lassen? – Habe ich den nötigen Takt,

oder trample ich oft auf den Gefühlen anderer herum? Habe ich andere „zur Schnecke“ gemacht?

Stille

5. ZUR MITTE FINDEN

Vielleicht ist Ihnen bereits die wundervolle Spirale am Schneckenhaus in die Augen gesprungen. Sie durchläuft in direkter Linie sehr viele Längsstreifen und führt zur Mitte, zum ruhenden Pol. Die ungezählten Längsstreifen können unsere täglichen Verpflichtungen sein. Und dabei werden wir noch überschwemmt mit pausenloser Musik, mit Geschwätz von allen Seiten. Und wenn der Lärm aufhört, ist nicht plötzlich Stille oder Besinnung da. Mir sagt die klare Linie der Spirale: Vergiß nicht in allem Trubel die Mitte! Nur das eine ist wichtig: Liebe verschenken! Sie sagt mir auch: Finde in aller Zerrissenheit deine Mitte, finde dich selbst. Und von hierher überschaue alles. So antwortete einst in einem bengalischen Dorf ein Asket, als er gefragt wurde, was das Besondere an seiner Religion sei: „Wir müssen zuerst unsere eigene Seele kennenlernen – unter der Leitung eines geistlichen Lehrers. Wenn wir das getan haben, können wir Ihn, der die höchste Seele ist, in uns finden.“

Unser Ich ist nur im Alleinsein zu finden. Darum jeden Tag einmal – und wenn nur für Minuten – allein sein! Jede Woche einmal mehrere Stunden allein sein. Jedes Jahr einmal mehrere Tage allein sein, um diese Mitte wiederzufinden!

- Habe ich den Mut, eine Einladung auszuschlagen mit der Begründung: „Entschuldige bitte, das ist genau die Stunde, in der ich einmal allein sein wollte“? Diese Stunden des Alleinseins sind ungeheuer wichtig; vielleicht sind es die wichtigsten meines Lebens! Wie die Achse eines kreisenden Rades ruhig ist, so braucht unsere Seele die Stille, um wieder die Mitte zu finden.

Stille

(Hier kann auch die Lebensbeschreibung einer Heiligen oder eines heiligmäßigen Menschen eingefügt werden, z. B. über Edith Stein, Teresa von Avila oder Theresia vom Kinde Jesu, die all ihre Arbeit zur Mitte führten und Platz machten für Gott; die in all ihren Gedanken von Ihm durchdrungen sein wollten wie ein Glasfenster von der Sonne – um ein anderes Bild zu gebrauchen.)

6. EINE SPUR HINTERLASSEN

Jede Schnecke hinterläßt eine Spur. Jeder Mensch hinterläßt eine Spur! Schon jeder gute Gedanke, erst recht ein gutes Wort oder eine gute Tat löst einen Kreislauf des Guten aus. Umgekehrt erzeugt alles Böse einen Teufelskreis.

• Welche Spur hinterlasse ich? Eine schleimige? Habe ich „geschmiert“, um Erfolg und Ansehen zu erreichen? Bin ich ein Radfahrer: Nach oben buckeln und nach unten treten? Welche Spur hinterlasse ich, wenn ich einmal gestorben bin?

Lesung
Apg 4,8–20: Rede des Petrus vor dem Hohen Rat
(Die Apostel haben eine Spur hinterlassen, die heute noch die Welt mitprägt.)

• Hat mein Leben schon andere auf Jesus Christus aufmerksam gemacht? Evtl. „Kurzgeschichten 2“, Nr. 100: Die Gebeugte. (Inhaltsangabe: Die symbolische Geschichte erzählt von einer gebeugten Frau, die der besonderen Spur Jesu folgt, bis sie ihn findet und geheilt ist.)

Stille

7. GEDULD HABEN
Die Schnecke könnte beten: „Ein bißchen Geduld, lieber Gott, ich komme ja schon“.
• Habe ich Geduld mit mir? Dann erst habe ich auch Geduld mit anderen! Habe ich Geduld mit anderen, die nicht so schnell sind wie ich? Habe ich Kinder oder Untergebene „zur Schnecke gemacht“, weil sie so langsam waren? Habe ich Geduld mit mir selbst, vor allem, wenn meine Kräfte langsam nachlassen? Nehme ich die Fügungen Gottes für mein Leben gelassen an? Habe ich etwas von der Geduld Gottes, der seine Sonne aufgehen läßt über Gute *und* Böse, oder möchte ich die Gottlosen schon jetzt gerne gestraft sehen?

Lesung
Wir hören dazu eine Stelle aus der Hl. Schrift: Jak 5,7–11 (Geduldig ausharren).

Stille

Ein tröstliches Gedicht soll uns Mut zu diesem „langen Atem“ machen. Wir alle kriechen ja in vielem buchstäblich ein Leben lang, und „jenseits der Straße“ liegt auch unser Ziel.

I: Wie groß ist die Chance einer Schnecke, über die Straße zu kommen?
Jenseits der Straße vermutet sie das, was sie satt und glücklich machen kann.

II: Aber sechs Meter Asphalt liegen dazwischen!
Und die Autos jagen hin und her.

I: Zwanzig Autos in der Minute. Über tausend in der Stunde. Nicht nur Pkw's: Lastautos, Sattelschlepper, Fußgänger, Mopeds, Radfahrer.
II: Aber sie kriecht. Ohne Hast. Ohne Furcht. Ohne großartige Taktik. Mit viel Geduld.
I: Zwanzig Autos in der Minute.
II: Und sie kriecht und kriecht und kriecht und –
I: Kommt an!

(frei nach R. O. Wiemer, Chance der Bärenraupe, über die Straße zu kommen)

Stille

Meditationsmusik

Haben Sie etwas bemerkt? In allen Punkten haben wir unser Gewissen erforscht über Dinge, die wir *unterlassen* haben. Wir sündigen heute am meisten durch Unterlassung des Guten – wie es gleich heißt: „Ich habe gesündigt ..., daß ich Gutes unterlassen habe." – Ich habe es also unterlassen, zu staunen; anspruchsloser zu leben; mehr Geduld zu zeigen; eine Spur zu hinterlassen, die anderen Orientierung und Hilfe ist; Gefühle zu zeigen; aus der Mitte zu leben ... Darum wollen wir voreinander bekennen:

Schuldbekenntnis – Vergebungsbitte – Bitten – Dankpsalm – Segen: siehe Anhang S.2–5

Entlaßgruß
Nehmen Sie das Schneckenhaus mit nach Hause und legen Sie es irgendwo sichtbar hin. Wenn dann Ihr Blick darauf fällt, kann wieder ein Gedanke dieser Andacht in Ihnen, in uns, wach werden, z. B. der Gedanke: Herr, laß mich zur Mitte finden!
Oder: Herr, laß mich ankommen!

Schlußlied

9 Die Welt heller machen

(Bußfeier mit einem großen Zündholz)

Vorbereitung
Jeder Teilnehmer erhält ein großes Streichholz.

Lied – Persönliche Begrüßung

Hinführung: siehe Anhang 1, Nr. 1–3, 9, 17–19, 28, 30, 37, 54, 55, 62, 63, 68

Gebet
Herr, unser Gott! Bei diesem Streichholz in unseren Händen erinnern wir uns an den Spruch: „Es ist besser, ein winziges Licht anzuzünden als über die Finsternis zu schimpfen." So viel Haß, Streit und Krieg machen unsere Welt dunkel. So viel Dunkel und Mangel an Glauben auch in uns: Komm, Geist Gottes, und entzünde in uns neues Feuer – dein Feuer der Liebe und des Friedens. Das erbitten wir durch Christus, unseren Herrn.

Gewissenserforschung – Meditation
(Bitte auswählen)
Das Zündholz soll uns während der ganzen Bußfeier und darüber hinaus daran erinnern, daß es auch in meiner Hand liegt, die Welt heller zu machen. Einige Gesichtspunkte wollen wir näher betrachten.

1. DIE WELT HELLER MACHEN
Wir hören aus einem Buch den Bericht eines Mannes, der erfahren hat, was Licht bedeuten kann: „Als der amerikanische Evangelist Billy Graham vor Jahren in Berlin im Olympiastadion sprach, versuchte er, seinen zigtausend Hörern die Wirksamkeit des Lichtes überzeugend deutlich zu machen. Er ließ alle Lampen des Stadions löschen und bat alle, die Streichhölzer und Feuerzeuge bei sich trugen, auf ein gemeinsames Zeichen diese zu entzünden. Für einen Augenblick war das Stadion in helles Licht getaucht...
Oder ich erinnere mich, als wir während unserer Ausbildungszeit beim Militär vorexerziert bekamen, wie weithin sichtbar eine brennende Zigarette ist. Der Soldat stand auf einem Berge, und wir lagen einige Kilometer davon entfernt im Tal. Jedesmal, wenn er einen Zug tat, leuchtete die Zigarette wie eine Taschenlampe auf."

(gefunden in „Ich habe eben noch mit IHM gesprochen", Reinhold Ruthe, Breklumer Verlag 1974)

Lesung
Mt 5,14–16: Ihr seid das Licht der Welt...

Stille

Es ist eine Aufgabe des Christen, für andere Menschen Licht und Orientierung zu sein.

- Bin ich nur ein „Kerzenmensch“, d. h. habe ich nur alle Voraussetzungen, oder bin ich ein „Lichtmensch“, der wirklich entzündet ist und leuchtet und wärmt? Vielleicht sogar einen anderen Menschen entflammt!?

2. ICH MACHE DEN ANFANG
Folgende Geschichte kann uns das klarmachen: Ein Vater stand im Museum mit seinem Söhnchen vor einem Bild, das „Haus des Friedens“ genannt wurde. Der kleine Junge betrachtete das Bild sehr aufmerksam und meinte dann: „Vater, der Maler hat die Klinke an der Haustür vergessen. Wie soll denn der Friede ins Haus kommen?“ Der Vater, erstaunt, gab nach einigem Zögern zur Antwort: „Vielleicht will der Maler damit sagen: Der Friede kann nur ins Haus kommen, wenn wir ihm von innen die Tür öffnen und ihn bei uns wohnen lassen“.

Stille

- Gehöre ich zu denen, die erwarten, daß zuerst der andere den entscheidenden Schritt tut? Bin ich zu stolz, den Anfang zu machen? Wo habe ich sogar die ausgestreckte Hand ausgeschlagen?

Text
I: Wir wollen Frieden!
II: Ist es nicht verwunderlich, daß es in unserer Welt gelingt, Raketen und Waffen bis in die entferntesten Winkel des Globus zu bringen, aber Reis, Brot und Medikamente fehlen dort!
III: Ist es nicht verwunderlich, daß die Kriege in den Häusern viel mehr Anstrengungen und Nerven erfordern als Schritte zum Frieden?
I: Wir wollen Frieden!
II: Aber ich soll als erster die Hand zur Versöhnung reichen, obwohl ich mir keiner Schuld bewußt bin? Das ist unmöglich! Zu schwer!
I–III: Aber wir wollen doch Frieden!
II: Sich der Eltern nicht schämen.
III: Auf die Kinder zugehen im Zuhören und Miteinandersprechen.
I: Sich in die Lage des Nachbarn versetzen.
II: Seine eigenen Schwächen sehen und annehmen.
III: Nach den guten Seiten des anderen Ausschau halten.

I: Nicht den Streit suchen, aber die Auseinandersetzung.
I–III: Wir wollen doch Frieden!
II: Keine Friedhofsruhe.
III: Kein Mitläufertum.
I: Keine faulen Kompromisse.
II: So bleibt nur, als erster die Hand zur Versöhnung zu reichen.
III: Obwohl der andere mir Unrecht tat? Das ist unmöglich!
I: Darf das für einen Christen unmöglich sein?
II: Wenn ich und der andere Gottes Ebenbild sind?

Stille

Lesung
Paulus sagt: Laß dich vom Bösen nicht besiegen, sondern besiege das Böse mit dem Guten (Röm 12,21). Jesus sagt: Liebt sogar eure Feinde! Denn wenn ihr nur die liebt, die euch lieben, welchen Lohn könnt ihr dafür erwarten? Das tun auch die Sünder! (Mt 5,44 a.46)

Meditationsmusik

3. VORAUSSETZUNGEN ZUM ZÜNDEN
Wenn der Kopf unseres Streichholzes mit Honig beschmiert wäre oder er wäre aus Leichtmetall, könnte ich ihn zum Zünden nicht gebrauchen. Wir sollen überlegen, ob wir überhaupt fähig sind, die Welt heller zu machen. Dafür muß ich mich sehr genau kennen. Sehr viele Versuche gelingen nicht, weil ich mir über meine Haltung nicht im klaren bin.

Text
gott
ich habe
in einem menschen
schlechtes entdeckt

und gott sagt
ja
du hast das schlechte
in einem menschen entdeckt
weil dieses
schlechte
auch in dir ist

die menschen
mit denen du umgehst
sind deine spiegel
du kannst dich in ihnen
selbst erkennen

gott
ich habe
in einem menschen
wunderbar schönes entdeckt

und gott sagt
ja
du hast wunderbar schönes
in einem menschen entdeckt
weil dieses
schöne
und gute
auch in dir ist

die menschen
mit denen du umgehst
sind deine spiegel
du kannst dich in ihnen
selbst erkennen

man erkennt nur
was in einem ist
sei vorsichtig
wenn du andere schlecht machst
du redest über dich selbst

(Wilhelm Willms, mit gott im spiel, Verlag Butzon & Bercker, Kevelaer 82, S. 75f)

Stille

Oder **Text** *(langsam zu Hintergrundmusik sprechen)*
Du mußt dir drei Dinge merken: Erstens darfst du nicht glauben, daß du schlechter bist als andere. Jeder Mensch kann von jedem eine Menge lernen. – Zweitens: Wenn du böse bist, werden es die anderen auch sein. Wenn du gütig bist, werden es die anderen auch sein. Wenn nicht sofort, dann doch eines Tages. Halte durch! Drittens: Merke dir: Ich hab' dich gern!
(nach J. Chr. Hampe)

Oder es dient eine der folgenden Geschichten als Spiegel: „Kurzgeschichten 1", Nr. 170: Der zähnefletschende Hund.
(Inhaltsangabe: Dieser Hund wäre vor dem Spiegel nicht tödlich zusammengebrochen, wenn er ein einziges Mal mit dem Schwanz gewedelt hätte.)
„Kurzgeschichten 2", Nr. 131: Die Eidechse.
(Inhaltsangabe: Die Gründe für den Ekel gegen die Eidechse lagen nicht in der Umwelt, sondern im Indienfahrer selbst.)
„Kurzgeschichten 2", Nr. 178: Was du denkst, erwartet dich.
(Inhaltsangabe: Der Wohnungssuchende wird auch in der neuen Umgebung erfahren, daß die Nachbarn ihn selbst widerspiegeln: ob sie unfreundlich oder liebenswürdig sind!)

Lesung
Sie zeigt uns, welche Haltung wir haben sollen, damit wir an der „Reibfläche" Jesus unser Streichholz entzünden können: Mt 20,25–28 (Nicht herrschen, sondern dienen); Joh 14, 27.15, 9–17 (Liebet einander).

Meditationsmusik

4. GANZ NAHE HERANGEHEN
Wer ein anderes Streichholz entzünden will, hat schon festgestellt: Ich muß ganz nahe herangehen und dann auch noch Geduld zeigen, bis daß der Funke überspringt. Die folgende Geschichte zeigt uns, wie nahe ich gehen muß: Von einem alten, chinesischen Kaiser wird berichtet, daß er das Land seiner Feinde erobern und sie alle vernichten wollte. Später sah man ihn mit seinen Feinden speisen und scherzen. „Wolltest du nicht die Feinde vernichten?" fragte man ihn. „Ich habe sie vernichtet", gab er zur Antwort, „denn ich machte sie zu meinen Freunden!"
• Habe ich es schon gewagt, so nahe zu gehen, daß ich den, der mir nicht liegt oder mit dem ich verfeindet bin, zu einer Tasse Kaffee eingeladen habe? Ist mein Vertrauen auf Gott und die Wirkung meines Gebetes so klein, daß ich nicht mehr an „Wunder" in dieser Richtung glauben kann? Wo bleibt das Revolutionäre meines christlichen Glaubens, wenn ich nicht bereit bin, auf Jesus zu hören, der sagt: „Ich bin das Licht der Welt! (Joh 8,12). Und ihr sollt Licht für diese Welt sein!" (Mt 5,14)

Stille

Schuldbekenntnis – Vergebungsbitte: siehe Anhang 2

Friedensgruß

Bitten – Dankpsalm – Segen: siehe Anhang 3–5

Entlaßgruß

Ich hoffe, dieser Bußgottesdienst hat in uns die Bereitschaft geweckt, die Welt heller zu machen, indem ich Frieden weitergebe. Den Frieden, der letztlich immer wieder seine Kraft aus der Mitte Gottes holt. Lassen Sie bitte das Zündholz eine Zeitlang sichtbar zu Hause liegen, um immer wieder an diese Bereitschaft zum Frieden erinnert zu werden. Denken Sie daran: Alle Finsternis der Welt reicht nicht aus, das Licht eines einzigen Streichholzes zu löschen.

Schlußlied

10 Die „kleinen" Worte

(Bußfeier mit einem Stückchen Pelz)

Vorbereitung
Jeder Teilnehmer erhält ein kleines Pelzchen, das er sich am Eingang in einem Korb selbst aussuchen kann (vgl. Friedensgruß). (Sie können die Gemeinde einige Wochen vorher bitten, Pelze, die nicht mehr getragen werden, abzugeben. Uns hatte auch ein Kürschner mit gesammelten Resten gut bedacht. Eine Jugendgruppe schnitt dann kleine Stücke daraus.)

Lied

Hinführung: siehe Anhang 1, Nr. 1, 2, 9, 10, 12, 19, 30, 33, 45, 49–51, 55–57, 65, 66, 68

Gebet
Allmächtiger Gott! Mitten aus der Hektik der Verpflichtungen haben wir uns vor dir eingefunden. Wir spüren, daß uns die Mitte fehlt, daß unser Alltag verödet; daß unser Lachen seltener erklingt. Wir bitten deinen Heiligen Geist: Er wärme in uns, was kalt und hart geworden ist und gieße neues Leben in unsere erstarrte Seele. Darum bitten wir durch Christus, unseren Herrn.

Geschichte: Die kleinen Leute von Swabeedo.

Hinführung: Sie haben sich sicher am Eingang der Kirche gefragt: Was soll denn das Pelzchen aussagen? Wir hören eine Geschichte, die alles erklärt:
Vor langer Zeit lebten in dem Ort Swabeedo kleine Leute. Sie wurden die Swabeedoler genannt. Sie waren sehr glücklich und liefen den ganzen Tag mit einem freudig-fröhlichen Lächeln umher. Wenn sie sich begrüßten, überreichten sie sich gegenseitig kleine, warme, weiche Pelzchen, von denen jeder immer genug hatte, weil er sie verschenkte und sofort wieder welche geschenkt bekam. Ein warmes Pelzchen zu verschenken, bedeutete für sie: Ich mag dich. So sagten sie sich, daß jeder jeden mochte. Und das machte sie den ganzen Tag froh.
Außerhalb des Dorfes lebte ein Kobold – ganz einsam in einer Höhle. Wenn ein Swabeedoler ihm ein Pelzchen schenken wollte, lehnte er es ab. Denn er fand es albern, sich Pelzchen zu schenken. Eines Abends traf der Kobold

einen Swabeedoler im Dorf, der ihn sofort ansprach: „War heute nicht ein schöner, sonniger Tag?" Und er reichte ihm ein besonders weiches Pelzchen. Der Kobold schaute ihm in den Rucksack mit den Pelzchen. Dann legte er ihm den Arm vertraulich um die Schulter und flüsterte ihm zu: „Nimm dich in acht. Du hast nur noch 207 Pelzchen. Wenn du weiterhin so großzügig die Pelzchen verschenkst, hast du bald keine mehr." – Das war natürlich vollkommen falsch gerechnet; denn jeder Swabeedoler hatte, da jeder jedem welche schenkte, immer genug Pelzchen.
Kaum hatte der Kobold den verdutzten kleinen Mann stehen lassen, kam schon sein Freund vorbei und schenkte ihm ein Pelzchen. Doch der Beschenkte reagierte nicht wie bisher. Er packte das Pelzchen ein und sagte zu seinem Kollegen: „Lieber Freund, ich will dir einen Rat geben. Verschenke deine Pelzchen nicht so großzügig, sie könnten dir ausgehen."
Bald gaben sich immer öfter Swabeedoler diesen Rat. So kam es, daß Pelzchen nur noch an allerbeste Freunde verschenkt wurden. Jeder hütete seinen Pelzchenrucksack wie einen Schatz. Sie wurden zu Hause eingeschlossen, und wer so leichtsinnig war, damit über die Straße zu gehen, mußte damit rechnen, überfallen und beraubt zu werden. Die kleinen Leute von Swabeedo veränderten sich immer mehr. Sie lächelten nicht mehr und begrüßten sich kaum noch. Keine Freude kam mehr in ihr trauriges und mißtrauisches Herz.
Erst nach langer Zeit begannen einige kleine Leute wieder wie früher kleine, warme, weiche Pelzchen zu schenken. Sie merkten bald, daß ihnen die Pelzchen nicht ausgingen und daß sich Beschenkte und Schenkende darüber freuten. In ihren Herzen wurde es wieder warm, und sie konnten wieder lächeln, auch wenn die Traurigkeit und das Mißtrauen nie mehr ganz aus ihren Herzen verschwanden.

Weiterführung: Wir ahnen, was die kleinen Pelzchen in dieser Geschichte aussagen können. Aber es ist Ziel unserer Bußandacht, darüber noch intensiver nachzudenken. Dabei helfen uns noch andere Geschichten, Meditationen und das Wort Gottes.

Gewissenserforschung und Meditation

(Bitte auswählen und durch Lieder unterbrechen)

1. DIE KLEINEN WORTE

„Kurzgeschichten 2", Nr. 109.
(Inhaltsangabe: Herz, Hirn und Zunge kommen überein, keine „kleinen Worte" mehr zu machen und – die Umwelt wurde trostlos und kalt.)

• Wie oft sage ich noch von Herzen „danke"? Wann habe ich zuletzt gesagt: „Das hast du gut gemacht!" „Ich liebe dich!" „Ohne dich wäre mein Leben sehr leer!"?
Eine Familiengemeinschaft oder eine Ehe zerbricht meistens nicht an großen Problemen, sondern an kleinen Alltäglichkeiten. Es tritt Routine auf, Mangel an Einfühlungsvermögen und erfinderischer Gemeinsamkeit. Routine hat mit Bequemlichkeit zu tun. Und Bequemlichkeit führt leicht zur Gleichgültigkeit.
• Sprechen wir noch wirklich miteinander? Kann ich zuhören? Mache ich mir die Mühe, auch über die kleinen Sorgen und Freuden des Alltags, über Schuld und Versagen mit dem Partner oder den Kindern zu sprechen?

Lesung
Kol 3, 12–15 (Weil ihr von Gott geliebt seid, zeigt Güte, Liebe...)

Stille

Text
I: Herr, ich stolpere nur noch durchs Heute, um die Pflichten zu schaffen. Drehe mich wie ein Karussell um mich selbst. Bin zum Spielball geworden, innerlich hohl und leer.
II: Weil mir der ruhende Pol fehlt, kritisiere ich ständig – und verursache eine unfrohe oder mürrische Atmosphäre – bei Untergebenen, Kollegen, Mitschülern, in der Familie. Ich bin so ungeduldig geworden – und stecke andere damit an. Ich stelle bloß, verdächtige und beschäme – und verliere so nur Vertrauen.
I: Weil ich zu mir selbst nicht mehr ja sagen kann, kann ich auch andere nicht mehr bejahen. Weil ich mich selbst nicht mehr leiden kann, verleide ich auch anderen das Leben.
II: Herr, gib mir neuen Schwung, Geduld und Demut, d. h. Mut zum Dienen. Laß mich wieder ermutigen können, annehmen, loben, den Partner fair behandeln. Denn nur so gebe ich anderen Wertgefühl.
I: Gib mir das Fingerspitzengefühl, das weiß, wo ich hart sein muß oder milde sein darf; wo ich helfen muß oder warten darf; wo ich zuhören, wo ich loslassen muß.
II: Herr, sei du mein ruhender Pol, mein Ziel, mein Sinn. Laß mich deine Wege wieder wagen und vertrauend in die Fußstapfen deines Sohnes treten.
• Spreche ich noch mit Gott? Auch über meine kleinen Sorgen? Wenn ich mit meinem Partner so selten sprechen würde, wäre das Verhältnis zu ihm

nicht schon „tot“ zu nennen? Wie sehe ich den Satz: „Beten ist Atemholen der Seele“?
(Hier evtl. Lesung: Kol 4,2.6: Laßt nicht nach im Gebet. Ähnlich Eph 6,16–18 oder 1 Thess 5,15–18)

Meditationsmusik

2. LOBEN
„Kurzgeschichten 2“, Nr. 189: Das kleine Lob.
(Inhaltsangabe: Das kleine Lob wandert durch die Welt und erfährt, daß „Loben“ (auch ein „kleines Wort“) selten geworden ist. Und es kommt zu dem Schluß: Nur, wer sich Zeit nimmt, Atem zu holen, wer wieder richtig sehen lernt, wer die richtigen Maßstäbe setzt, der kann wieder loben und danken, der findet auch zur Freude zurück.)
• Lobe ich noch – meinen Partner, meine Kinder, meine Eltern...? Sehe ich noch all die „Selbstverständlichkeiten“ des Lebens? Danke ich dafür, und lobe ich die Menschen, die mir im Alltag dienen, untergeben oder anvertraut sind?
Oder „Kurzgeschichten 2“, Nr. 188: Die lobhungrige Katze.

Lesung
Ez 36, 26–28 (Ich nehme das Herz von Stein aus eurer Brust), oder Eph 4,22–27.29–32 (Sprecht gute Worte, die stärken), oder 1 Petr 3,8–17 (Leben in Eintracht)

3. LACHEN
„Kurzgeschichten 2“, Nr. 187: Ab und zu einmal lächeln.
(Inhaltsangabe: Einem kleinen Lächeln, zusammen mit einem Augenzwinkern und zwei Lachfältchen gelingt es, einer traurigen, alten Frau wieder neuen Mut zu geben, und sie – schenkt das Lächeln weiter.)
• Kann ich noch lachen? Und weinen? Hat sich meine Gefühlswelt eingeebnet? Warum? Wem habe ich in letzter Zeit Mut gemacht? Steht mir das Beispiel Jesu im Alltag ab und zu vor Augen?

Text
I: Herr, ich habe gelesen, man muß eine Tonne Pechblende schürfen, um 0,14 Gramm Radium zu gewinnen. Und doch lohnt es sich. – Ich sehe in dem ganzen Betrieb bei uns zu Hause ungeheure Mengen von Pechblenden. Aber kommt auch ein klein wenig Radium von Liebe heraus?

II: Herr, wovon lebt unsere Familie noch? Sind wir nicht zur Eß- und Schlafstelle geworden? Ist uns bewußt, daß es mehr und Wichtigeres gibt als die Schule, die Arbeit und das Geld? Wir können uns fast alles leisten, aber es fehlen immer mehr: die Liebe, das Lachen.

I: Wenn ich in den Spiegel schaue, sehe ich mein Gesicht, das verschlossener und verbissener geworden ist. Kommt ein kaltes Gesicht nicht aus einem kalten Herzen? Ist meine Seele krank geworden, weil mein Lächeln seltener geworden ist? Schenke ich noch genug Anerkennung und gute Worte? Steckt meine Fröhlichkeit noch andere an?

II: Schenke mir, Herr, wieder deine Liebe, die nicht zwingt; die sich nicht aufspielt; die nicht nachträgt. Laß mich wieder Vertrauen schenken, auch wo ich enttäuscht wurde. Laß mich warten können. Laß mich hoffen wider alle Hoffnung. Jesus zeigt mir doch, daß es geht!

Lesung
Joh 15,9–13 (...damit eure Freude vollkommen wird)

4. STILLE SUCHEN
Wir waren zu Gast bei einer Familie in Holland. Als die Kinder schon mit hungrigen Augen zu Löffel und Gabel griffen, fragte uns die Hausfrau in deutsch: „Brauchen Sie Stille?“ Zuerst waren wir sprachlos. Es war die schönste Frage nach einem Gebet. Wir werden diese drei Worte nie vergessen. (frei nach Horst Loreck)

• Kann ich zu Hause noch still werden, oder geht es nicht mehr ohne die Geräuschkulissen von Musik oder Fernsehen? Sehe ich stille Zeiten als notwendig an, damit „meine Seele nachkommen kann“, (s. „Kurzgeschichten 1“, Nr. 98), d. h. daß ich zu mir selber finde, zu meiner Mitte, zu Gott? Ist der Mangel an Stille mit ein Grund, daß wir uns zu Hause nicht mehr wirklich begegnen?

Stille

Lied / Meditationsmusik

Schuldbekenntnis – Vergebungsbitte: siehe Anhang 2

Friedensgruß
Sicherlich haben Sie sich zum Beginn ein besonders hübsches Pelzchen ausgesucht. Schenken Sie es jetzt Ihrem Nachbarn als ein Zeichen dafür, daß Sie das Beste anderen geben möchten.

Bitten – Dankpsalm – Segen: siehe Anhang 3–5

Entlaßgruß
Nehmen Sie ihr Pelzchen mit nach Hause: Vielleicht hängen Sie es an den Rückspiegel des Autos oder stecken es an Ihren Rockaufschlag oder die Bluse. Es wird Ihnen bei Begegnungen mit anderen auf diese Weise leichter fallen, die „kleinen Worte“ zu finden.

Schlußlied

11 Christus trug unsere Schuld

(Bußfeier mit einem Holzscheit)

Vorbereitung
1. *Jeder Gottesdienstbesucher erhält am Eingang ein Holzscheit. Eine genügende Anzahl ist von Jugendlichen vorher aus einem Baumstamm geschlagen worden.*
2. *Vor dem Holzhaufen steht ein Jugendlicher mit einem Transparent, auf dem zu lesen ist: „Hier liegt der Schuld-Berg unserer Gemeinde. Auch deine Schuld liegt dabei. Nimm deinen Anteil, dein Kerbholz, mit in die Kirche. (Bist du ohne Schuld, gehe ungehindert durch den Seiteneingang.)“*
3. *Im Altarraum steht ein Kreuz (siehe Bild), das beim Bußgang mit den Holzscheiten ausgefüllt wird.*

(2. und 3. nach Lothar Zagst, Jugendgruppen, Ferment für den Gemeindegottesdienst, Modelle. Rex 1980)

Lied – Persönliche Begrüßung

Besinnung

I: Herr, wir sind hier, um etwas zur Ruhe zu kommen. Das ist genau so wichtig wie essen und trinken, um *innerlich* nicht zu verhungern.

II: Herr, wir sind hier, um uns der Stille zu stellen. Das ist so wichtig wie atmen und schlafen, um am Leben zu bleiben.

I: Herr, wir sind hier mit diesem kleinen Stück Holz; herausgeschlagen aus dem großen Kreuz, das du getragen hast. Wir tragen unser kleines Kreuz in den Händen und halten Ausschau.

II: Wir möchten mehr spüren als nur dieses Stückchen Holz, abgesplittert vom Sinn des ganzen Leides. Wir möchten weitersehen, weil wir aus dem Glauben leben wollen.

I: Können wir denn Christus nachfolgen, wenn wir das Kreuz ausklammern? Können wir Christus wirklich erreichen, ohne den Weg seines Leidens zu kreuzen?

Gebet

Vater im Himmel, wir denken in dieser Stunde an das Leiden deines Sohnes am Holz des Kreuzes. Obwohl er so vielen Menschen gut war, mußte er sterben. Am Kreuz angenagelt zwischen Himmel und Erde starb er für unsere Schuld. Laß uns jetzt mit dem Herzen sehen, Herr, wieweit wir dazu beitragen. Das bitten wir durch Christus, unseren Herrn.

Gewissenserforschung – Meditation

(Bitte auswählen und mit Liedern unterbrechen)

1. WAS HOLZ UNS SAGEN KANN

Text

I: Ich habe das Holz in der Hand. Es ist kantig, rauh, ungehobelt, splitternd, verletzend, scharf. Wie bin ich im Leben? Verletze ich wie dieses Holzscheit? Hinterlasse ich Splitter? Wenn Menschen mit mir in Berührung kommen, tun sie sich dann weh?

II: Ich kann mit einem Stück Holz schlagen und beim andern damit Aggressionen erzeugen. Holz – damit wurde nicht nur im KZ gequält. Holz – zeigt unser Verhalten überhaupt: Wir schlagen einander; wir foltern und quälen einander – nicht so sehr äußerlich. Es gibt viel feinere Methoden, die Seele zu treffen. Tut es mir leid, daß ich manchmal diese Methoden anwende? Erkenne ich es dankbar an, daß der andere mich nicht quälen will?

III: Es gibt die Redensart: „Etwas auf dem Kerbholz haben". Das heißt soviel wie: Ich bin jemandem etwas schuldig; ich habe etwas verbrochen. In einem halbierten Holzstab, „Kerbholz" genannt, war je eine Hälfte mit Kerben für den Gläubiger und für den Schuldner eingeschnitten. So wurden die Schuldsummen festgehalten. –
Jesus hat sich für das, was ich auf dem Kerbholz habe, der Schmach und der Schande ausgesetzt. Verzeihe ich denen, die an mir schuldig werden? Räume ich denen noch eine Chance ein, die mich wiederholt enttäuschen? (gekürzt nach Lothar Zagst, siehe oben)

I: Ich denke bei Holz an das Brett, das natürlich immer der andere vor dem Kopf hat. Ich selbst habe es nie vor dem Kopf. Halte ich die anderen oft für dumm und mich für weise? Bin ich überheblich?

II: Und wie ist es mit dem Splitter im Auge des Nächsten? Und mit dem Balken im eigenen Auge? Rede und urteile ich nur über andere – oder bin ich in erster Linie bei mir selbst kritisch?

(vgl. mein Buch „Wir freuen uns auf die Predigt“, 1979², S. 99f)

Stille

2. SEIN KREUZ TRAGEN

„Kurzgeschichten 1“, Nr. 47: Sein Kreuz tragen.
Eine Legende berichtet: Die Menschen waren mit ihren Kreuzen unterwegs. Sie mühten sich ab mit ihrer schweren Last. Doch einem war sein Kreuz zu lang. Kurzerhand sägte er ein gutes Stück ab. Nach langer Pilgerschaft kamen alle an einen Abgrund. Keine Brücke führte in das Land, das ewige Freude und Gottes sichtbare Nähe versprach. Alle legten nach kurzem Zögern ihre Kreuze über den Abgrund. Und siehe: sie paßten gerade. Der aber sein Kreuz abgesägt hatte, um es leichter zu haben, stand nun betroffen und verzweifelt.
Oder Nr. 46: Die Kreuzschau
(Inhaltsangabe: Ein Mensch darf sich unter den Kreuzen der Menschheit sein Kreuz selbst aussuchen. Nach langem Durchprobieren wählt er – sein eigenes!)

Stille

3. SICH MIT SEINER SCHULD IN DEN SCHATTEN DES KREUZES STELLEN

„Kurzgeschichten 1“, Nr. 44: Ein Mann wollte seinen Schatten loswerden, aber was er auch anstellte, es gelang ihm nicht: Er wälzte sich auf dem Boden, sprang ins Wasser, versuchte, über den Schatten wegzuspringen. Alles vergeblich.
Ein weiser Mann, der diese Geschichte hörte, meinte dazu: „Das wäre doch ganz einfach gewesen, den Schatten loszuwerden.“ „Wieso einfach?“ fragten die Umstehenden neugierig, „was hätte er denn machen sollen?“ Und der weise Mann gab zur Antwort: „Er hätte sich nur in den Schatten eines Baumes zu stellen brauchen.“ – Wir dürfen uns in den Schatten des Kreuzes stellen!

Stille

4. DAS KREUZ UNSERES HERRN JESUS CHRISTUS

Wir schauen auf das Holzkreuz im Chorraum.

Lesung

I: Jesus sagt: Wer zu mir gehören will, der verleugne sich selbst, nehme täglich sein Kreuz auf sich und folge mir nach. Denn wer sein Leben retten will, wird es verlieren; wer aber sein Leben um meinetwillen verliert, wird es retten. Was nützt es einem Menschen, wenn er die ganze Welt gewinnt, dabei aber sich selbst verliert und Schaden erleidet! (Lk 9, 23–25) *Stille*

Wer nicht sein Kreuz auf sich nimmt und mir nachfolgt, ist meiner nicht wert. (Mt 10,38) *Stille*

II: Wenn wir sagen: „Wir verstehen Gott nur, wenn wir das Kreuz ansehen" oder „Das Kreuz ist unsere einzige Rettung", dann empfindet jeder, der nicht weiß, wie ausweglos verloren er ist, das als Gerede. Für uns aber, die sich auf Christus, ihren Erlöser, verlassen, liegt darin alle Kraft. (1 Kor 1,18) *Stille*

I: Jesus hat uns ein Beispiel gegeben. Er hat keine Sünde begangen, niemand hat je Lüge und Täuschung an ihm erlebt. Als man ihn beschimpfte, gab er nicht zurück. Er gab seine Sache ganz dem in die Hand, der am Ende gerecht richten wird. Alle unsere Sünden hat er mitgenommen, als man seinen Leib an den Galgen hängte – er hat sie alle durchlitten. Nun sind wir von unserer Schuld frei und sollen gerecht sein, d.h. handeln wie er. (1 Petr 2,22–24) *Stille*

II: Holz – ein Zeichen für meine Schuld – ein Zeichen der Sühne – ein Zeichen des Heils: Wir sind erlöst – durch das Holz des Kreuzes kommt Freude in die Welt. *Stille*

Zeichenhandlung (Tausch des Holzscheites)

Wir halten unser Holzscheit in der Hand. Wir haben es gewissermaßen aufgeladen, mit Sünde beschwert, aber auch mit gutem Willen gefüllt. Dieses Stück Holz in unserer Hand ist ein Stück unserer selbst geworden. Bevor wir Gott bitten, daß er unsere Sünden von uns wegnehme, bitten wir zunächst einmal, daß wir uns gegenseitig trotz unserer Fehler annehmen und trotz unserer Sünde gegenseitig tragen. Deshalb reichen wir jetzt unser Holz dem Nachbarn in der Bank, und wir nehmen seins an. Wir tauschen unsere Hölzer aus. Auch wenn wir unser Holz schon liebgewonnen haben sollten, reichen wir es weiter: ein Stück von unserer Wärme – ein Stück von unserem Versagen.

Bußgang zum Kreuz
Als Zeichen unserer Buße und als Eingeständnis unserer Schuld trägt jetzt jeder sein Holzscheit, sein Kerbholz nach vorne und legt es in das Kreuz. *(Währenddessen Orgelmusik oder GL 206 oder 184 oder 182 oder langsam zur Musik sprechen:*
Herr, ich sehe, wie dein Kreuz langsam schwerer wird. Auch ich habe durch meine Schuld zu deinem Leid beigetragen. Und jede „Tagesschau", jede aufgeschlagene Zeitung zeigt mir, wie wenig der Mensch aus der Geschichte lernt. Die Welt ist voller Kreuze. – Dein Kreuz ruft nicht nach Rache. Deine Erlösung macht alles neu. Befreie auch mich von meiner Schuld und alle, die jetzt in dieser Gemeinschaft stehen.)

Schuldbekenntnis
Angesichts der Holzscheite und unserer Schuld im Kreuz Christi wollen wir gemeinsam sprechen: Ich bekenne...

Vergebungsbitte – Bitten: siehe Anhang 2–3

Dankpsalm (Hier kann der alte Hymnus gebetet werden:)
I: Heilig Kreuz, du Baum der Treue,
edler Baum, dem keiner gleich,
keiner so an Laub und Blüte,
keiner so an Früchten reich:
Süßes Holz, so süße Nägel,
welche süße Last an euch.
II: Beuge, hoher Baum, die Zweige,
werde weich an Stamm und Ast,
denn dein hartes Holz muß tragen
eine königliche Last,
gib den Gliedern deines Schöpfers
an dem Stamme linde Rast.
I: Du allein warst wert, zu tragen
aller Sünden Lösegeld,
du, die Planke, die uns rettet
aus dem Schiffbruch dieser Welt.
II: Du gesalbt vom Blut des Lammes,
Pfosten, der den Tod abhält.
Lob und Ruhm sei ohne Ende
Gott, dem höchsten Herrn, geweiht.
Preis dem Vater und dem Sohne

und dem Geist der Heiligkeit.
Einen Gott in drei Personen
lobe alle Welt und Zeit. Amen.

Segen – Entlaßgruß

Das Kreuz mit den Holzscheiten soll während der Passionszeit in unserem Chorraum stehen – als lebendiges Zeichen für unser Glaubensgeheimnis. In der Osternacht werden wir dann diese Holzscheite vor die Kirche tragen und sie dort als Osterfeuer entzünden – Zeichen für Christi Sieg über Sünde und Tod.

Oder: Christus hat uns durch Tod und Auferstehung erlöst. Wir sind von unserer Schuld befreit. Als äußeres Zeichen für dieses Glaubensgeheimnis nimmt jetzt jeder, der möchte, ein Holzscheit aus dem Kreuz wieder heraus. Vor der Kirche wollen wir dann damit ein Feuer entzünden – ein Freudenfeuer – ja, das vorweggenommene Osterfeuer – und dabei noch ein wenig das Miteinander unserer Freude kundtun.

Schlußlied

12 Was uns eine Rose sagen kann

(Bußfeier mit einer Rose)

Vorbereitung
Für jeden Besucher eine Rose oder eine Postkarte mit einem Rosenmotiv, z. B. vom Kunstverlag Maria Laach, Nr. 5024.
Während des ganzen Gottesdienstes kann auch ein Dia mit einer Rose gezeigt werden.

Lied – Persönliche Begrüßung

Hinführung: siehe Anhang 1, Nr. 1, 2, 4, 9, 12, 14, 17, 19, 29–31, 45, 46, 51, 54, 55, 57, 59, 62, 63, 68

Gebet
Herr, unser Gott. Mit dieser Rose in der Hand – Zeichen der Liebe – stehen wir vor dir. Sende deinen Heiligen Geist, deine unendliche Liebe, damit wir erkennen, ob wir Rosen einander verweigern und ob wir die Rose in uns und anderen noch sehen. Zeige uns, wo wir mit dem Duft der Liebe die Atmosphäre wieder verbessern können. Darum bitten wir durch Christus, unseren Herrn.

Gewissenserforschung – Meditation
(Bitte auswählen und mit Liedern unterbrechen)

1. DIE ROSE – EIN SYMBOL FÜR DEN MENSCHEN
Wir schauen auf unsere Rose. Nichts lenkt uns ab vom Betrachten. Wir lassen uns von ihrer Schönheit einfangen. – Sie ist ein Bild für mich selbst: Auch ich kann so ausstrahlend und zärtlich sein. Aber ich kann auch so

verletzend und scharfkantig sein wie ihre Dornen. Alle Therapeuten – Menschenheiler – sagen, der Mensch sei nur von seinen Wurzeln her zu heilen: Alle Umarmungen und Küsse, die wir in der Säuglings- und Kinderzeit haben entbehren müssen, sie seien mit viel zarter Phantasie nachzuholen.

• Zeige ich mehr Dornen oder mehr Zärtlichkeit? Zeige ich deshalb so viele Dornen, weil ich zu wenig Zärtlichkeit erfahren habe? Danke ich meinen Freunden und meinem Partner, daß sie mich so annehmen wie ich bin? Nehme ich mich selbst an mit all meinen Möglichkeiten und Schwächen? Lasse ich mich zu sehr gehen, oder übertreibe ich mein Arbeitspensum und strahle deshalb nichts mehr aus? Lebe ich, um zu arbeiten oder arbeite ich, um zu leben?

Text

I: Herr, mache mich zum Werkzeug deines Friedens.
Laß mich lieben, wo man haßt.
Laß mich verzeihen, wo man beleidigt.
Laß mich versöhnen, wo man streitet.
Laß mich verbinden, wo Wunden sind.

II: Herr, laß mich Brücken bauen zum anderen Menschen.
Laß mich die Wahrheit sagen, wo Irrtum ist;
Glauben bringen, wo Zweifel droht.

I: Herr, mache mich zum Zeichen der Versöhnung in dieser Welt.
Laß mich Hoffnung wecken, wo Verzweiflung quält.
Laß mich ein Licht anzünden, wo Finsternis regiert.
Laß mich Freude bringen, wo der Kummer wohnt.

II: Herr, mache mich zur duftenden Rose in deiner Schöpfung.
Laß mich darauf achten, daß ich tröste
und nicht, daß ich getröstet werde.
Laß mich verstehen und nicht darauf warten, verstanden zu werden.
Laß mich lieben und nicht immer danach Ausschau halten,
daß ich geliebt werde.

Oder: Gemeinsam GL 29,6 beten: Herr, mach mich...

Stille

2. DIE ROSE – EIN SYMBOL FÜR VERSCHWIEGENHEIT

In alter Zeit wurde bei Gelagen über der Tafel eine Rose aufgehängt, um daran zu erinnern, im Rausch nichts auszuplaudern. Die geschnitzte Rose in mittelalterlichen Ratsstuben und an Beichtstühlen mahnt auch hier, Geheimnisse für sich zu behalten. Die Rose, die Verliebte tauschen, soll auch sagen:

Was wir uns anvertrauen und beteuern, bleibt nur unter uns.

• Kann ich schweigen? Habe ich Vertrauen mißbraucht? Habe ich durch Weitererzählen die Wahrheit – wenn auch ungewollt – verdreht? Habe ich Anvertrautes leichtfertig weitererzählt, um mich persönlich zu profilieren? Warum schade ich durch Klatschsucht der Gemeinschaft? Will ich besser erscheinen? Begaffe ich beim Gottesdienst alle Leute, die eintreten? Rede oder denke ich dabei abfällig über den einen oder anderen?

Stille

3. DIE ROSE – DAS SYMBOL DER LIEBE

Die Rose, Königin der Blumen, spielt auch in Märchen und Erzählungen eine große Rolle als Symbol der Liebe. Zwei Kurzgeschichten aus unserer Zeit sollen uns bei der Gewissenserforschung helfen:

a) „Kurzgeschichten 1", Nr. 122: „Ich bin für meine Rose verantwortlich", sagt der kleine Prinz, und „das Wesentliche ist für die Augen unsichtbar." –

• Welche Menschen haben sich mir vertraut gemacht? Sehe ich meine Verantwortung? (Glaube ich daran, daß ich mich selbst nur dann verwirklichen kann, wenn ich mich anderen zuwende?)

b) „Kurzgeschichten 1", Nr. 16: Die Rose.

(Inhaltsangabe: Eine Rose schenkt der Dichter Rilke einer Bettlerin in Paris. Davon „lebt" sie tagelang.)

• Verschenke ich genügend Anerkennung und Lob? Besonders an die, die mir am nächsten stehen? Verschenke ich auch ungefragt ein Stück meines Herzens? Bin ich dankbar? Auch meinem Schöpfer gegenüber? Suche ich ein Geschenk, das auf das Herz des anderen zielt? – Brauche ich mich der Rose nicht zu schämen, die ich Weihnachten in Form der Adveniat-Kollekte der notleidenden Welt gebe?

Bin ich zu stolz, andere um etwas zu bitten? Bin ich zu stolz, etwas anzunehmen oder mir helfen zu lassen – und enttäusche dadurch den anderen?

Text

I: Wußtest du schon, daß Zeithaben für einen Menschen mehr bedeuten kann als teure Geschenke? Wußtest du schon, daß ein frohes Zulächeln mehr bedeuten kann als Tabletten gegen Kopfschmerzen? Daß intensives Zuhören beim anderen schon Probleme lösen kann?

II: Wußtest du schon, daß Vertrauen ungeheure Kräfte im anderen freisetzen kann? Wußtest du schon, daß nur Güte und Zärtlichkeit beim anderen Härte und Verschlossenheit schmelzen lassen? Daß aufmerksames Schweigen mehr bewirken kann als Worte?

I: Das alles wußtest du schon?

Oder **Lesung:** 1 Kor 13, 4–8a.13.: Was die Liebe vermag...

4. MARIA ALS ROSENSTRAUCH UND ROSE

Eines der schönsten Weihnachtslieder heißt: Es ist ein Ros' entsprungen... Jesus ist die Rose, die aus dem Rosenstock Maria hervorwächst. Diese Rose „duftet": Sie rettet uns von Sünde und Tod. – Wir wollen dieses Lied zunächst gemeinsam singen:

Lied: GL 132, 1–3: Es ist ein Ros' entsprungen...

• Glaube ich wirklich, daß Jesus mich rettet? Daß er mich aus allem Leid, aus aller Schuld befreien kann?

Stille

Später wird das Symbol der Rose auch auf Maria selbst übertragen: Die Rose wird zur Blume der Gottesmutter: „Du geheimnisvolle Rose" beten wir in der Lauretanischen Litanei. Auch im Rosenkranz betrachten wir von Perle zu Perle, von Rose zu Rose, Maria, wie sie empfangen hat, zu anderen getragen, geboren, aufgeopfert hat: *Jesus,* den Sohn Gottes.

Maria ist die Rose ohne Dornen. Die feurige Pfingstrose ist tatsächlich eine Rose ohne Dornen: Sichtbares Zeichen für die jungfräuliche Muttergottes. Die Pfingstrose findet sich auf zahlreichen Madonnenbildern als Anerkennung und Symbol.

Wir wollen einen Augenblick still werden und eine Orgelmeditation hören über das andere schöne Lied der Adventszeit, das von Rosen spricht:

Orgelmeditation: Maria durch ein Dornwald ging...
Da haben die Dornen Rosen getragen...

Überleitung: Wir hören, was der „Dornenstrauch" Maria über seine „Rose" Jesus sagt:

Evangelium

Lk 1, 46–55 (Der Lobgesang Mariens)

5. DIRNEN UND SÜNDER IM „ROSENSTRAUCH"-STAMMBAUM JESU

Das Lied „Es ist ein Ros' entsprungen" ist auf alten Schnitzaltären oft in Szene gesetzt: Aus der Seite des Jesse (hebräisch: Isai), Vater des Königs David, wächst ein Rosenstock. Aus diesem Stammbaum wird Jesus, der „Sohn Davids" hervorgehen. Wir wollen uns den Stammbaum Jesu, wie er bei Mattäus (vgl. Mt 1,1 ff) aufgeführt ist, näher ansehen. Es zeigt sich in ihm schon etwas von dem, was die Menschen bis heute sprachlos machen sollte. Folgendes hat ja schon unsere Maßstäbe ver-rückt: Der Königssohn Jesus kommt in einem Stall zur Welt. Die verachteten Hirten finden als erste zur

Krippe. Später ist Jesus Arzt für die Kranken und hält zu den Außenseitern wie den Zöllnern, Dirnen und Sündern. Er stirbt zwischen Verbrechern am Kreuz. Nach der Auferstehung erscheint er zuerst einer Frau, die damals den Sklaven im Haus gleichgestellt war... Und wie sieht es im Stammbaum aus? Das wären Storys für gewisse Illustrierte! Da gibt es auch diese Ungeheuerlichkeiten: Tamar, die im Stammbaum Jesu steht, wurde zur Dirne, als sie sich verkleidet ihrem Schwiegervater (!) Juda, dem Löwen, hingab (vgl. Genesis 38).
Auch Rahab war ein schwarzer Fleck im Haus David. Sie war die Hure von Jericho, die ihr Freudenhaus direkt an der Stadtmauer hatte, die Israels Kundschafter aufnahm und sie vor der politischen Polizei Jerichos versteckte. Diese wertlose, kriminelle und gedemütigte Frau überlebt mit ihrer Familie als einzige den Fall Jerichos (vgl. Josua 2).
Später ist auch Ruth eine Ausnahmeerscheinung: Sie ist Nichtjüdin und steht doch im Stammbaum Davids. Sie durchbricht auch das Gesetz der Feindschaft zwischen Schwiegermutter und Schwiegertochter, denn sie verehrt und pflegt die Schwiegermutter bis zum Ende (vgl. Buch Ruth).
Und was leistet sich König David selbst? Er läßt, um Batseba ehelichen zu können, ihren Mann töten. Und mit ihr zeugt er dann Salomo, der auch im Stammbaum Jesu steht! (vgl. 2 Sam 11 + 12).

(Zum Ganzen: Siehe W. Willms, roter faden glück, 5.6 bis 5.9)

(Siehe auch noch König Ahas – Mt 1,9 –, der ein Zeichen Gottes ablehnt: Jes 7,10ff)
Also im Leben Jesu wie schon im Stammbaum Jesu: Gott will auf krummen Zeilen gerade schreiben!

- Wie steht es heute?

Sehe ich das auch so, daß die Kirche zuerst zu den Entrechteten und Verachteten geschickt ist? Akzeptiere ich, daß der Besuch des Priesters zuerst denen gelten müßte, die sich enttäuscht von der Kirche abgewandt haben? Freue ich mich darüber, wenn wieder einer im Gottesdienst erscheint, der jahrelang nicht mehr mitmachen wollte oder nicht mehr den Mut dazu hatte? Rücke ich von denen ab, die mit den Gesetzen der Kirche in Konflikt geraten sind? Kann ich unterscheiden: hilfreich ausgestreckte Hände für diese Christen, aber meine Treue zu den Gesetzen der Kirche bewahren? Kann ich unterscheiden: die Sünde hassen, aber den Sünder lieben? Glaube ich daran, daß Gott unser sattes, wohlanständiges, bürgerliches Denken durchkreuzen kann?

Stille

(Evtl. Lied GL 588, 2. + 3. Str.: Sie ist die edle Rose...
oder GL 583: 1.–4. Str.: Ave Maria zart, du edler Rosengart)

6. DIE ROSE UND IHRE DORNEN

Im Dornenstrauch begegnete Mose Gott. Die Krone des leidenden Jesus war aus Dornen. – In den Dornen unseres Lebens ist Gottesbegegnung möglich.

• Suche ich in Rosen- und Dornenzeiten die Nähe Gottes im Gebet und in der hl. Messe? Orientiere ich mich am Leben Jesu? Wer ist dieser Jesus für mich, der auch für mich die Dornenkrone trug? Verletzte ich bewußt andere, um mich zu rächen, um ihnen eins auszuwischen? Wo ist meine Zunge spitz wie Dornen? Bin ich bereit, andere zu verletzen, indem ich sie mit der harten Wahrheit konfrontiere. Bin ich bereit, mich fair infrage stellen zu lassen? Bin ich bereit zu verzeihen?

Text

I: Er war ihnen ein Dorn im Auge;
schmerzend, weil so gütig und voller Gefühle.–
II: Er war ihnen lästig, weil seine Barmherzigkeit
die Mißstände unbarmherzig aufdeckte.–
I: Er ist uns ein Dorn im Auge;
unerträglich in seiner Suche nach Wahrheit.–
II: Er ist uns unbequem;
er stört uns, wenn wir schnell zur Tagesordnung
übergehen wollen.
(frei nach Kurt Wolff)

7. DIE ROSE UND IHR DUFT

(Wir riechen – falls vorhanden – an unserer Rose!)

Rosen duften! Manche duften sehr angenehm.

• Wenn ich jemanden „nicht riechen kann“, suche ich auch einen Anteil bei mir? Was tue ich, um besser mit ihm auszukommen? Bin ich zur Versöhnung bereit? Das Gebot der Nächstenliebe hat zwei Seiten. Mache ich dem anderen die Nächstenliebe zu mir leicht? Mache ich mich liebenswert? Manche Rosen duften betörend.

• Benutze ich Tricks, um andere für meine Interessen zu gewinnen? Bin ich echt in meinem Reden und Tun? Habe ich Sehnsucht nach dem Duft der ganz anderen Welt, die wir noch erwarten?

Die Rose und ihr Duft ist eine Schöpfung Gottes.

• Bemühe ich mich, daran mitzuarbeiten, daß die Schöpfung erhalten bleibt – Wälder – Blumen – Tiere – Wasser? Überlege ich, welchen Beitrag ich für den Frieden in der Welt leisten kann, oder schreibe ich die ganze Verantwortung an die Politiker ab? Arbeite ich mit an dieser „Erb-sünde“ der Welt,

oder arbeite ich daran, den nachkommenden Generationen eine gute Welt zu hinterlassen, in der viele Rosen blühen und duften können?
(nach Hildegard Klother, Düsseldorf)

8. ROSENFENSTER
In alten Kathedralen gibt es zum Westen hin sogenannte Rosenfenster. Die Form des Kreises dieser Fenster ist Sinnbild für das Weltall. Alles darin ist auf den Mittelpunkt hin geordnet, in dem wir meistens Christus finden und seine Mutter (z. B. Notre Dame, Paris). Damit will der Künstler sagen: Auf das Kommen des Erlösers Jesus Christus, auf den schon die Menschen des Alten Bundes gehofft haben, ist auch unser Leben als Christen ausgerichtet. Das Rosenfenster ist wie ein Stern, der die Richtung weist!
• Sehe ich diese Richtung in meinem Leben? Oder gehe ich unter in den täglichen Pflichten? Bemühe ich mich, in der eigentlich zur Besinnung anregenden Adventszeit (oder Fastenzeit) der allgemeinen Hektik zu entfliehen? Was hindert mich, ein paar Nummern kleiner zu planen und zu leben und dafür wieder mehr über Ziel und Sinn meines Lebens nachzudenken? Erwarte ich das Wiederkommen Christi, der Rose aus der Wurzel Jesse?

Meditationsmusik

Schuldbekenntnis – Vergebungsbitte – Bitten – Dankpsalm – Segen: siehe Anhang 2–5

Zum **Friedensgruß** kann das „Rosenlied" zu einer Musik gesprochen werden (dazu Tausch der Rosen):
1. Eine kleine Rose schwimmt auf dem Meer der Traurigkeit;
sie ist ein kleines, winziges Zeichen in den Wellen dieser Zeit.
Dieses kleine Rosenzeichen geb ich dir als Friedensgruß.
2. Eine kleine Rose wächst, grünt und blüht auf Stacheldraht;
sie ist ein kleines, winziges Zeichen in der Härte dieser Zeit.
Dieses kleine Rosenzeichen geb ich dir mit auf den Weg.
3. Eine kleine Rose – nimm sie nun mit in deinen Tag;
sie ist ein kleines, winziges Zeichen in der Kälte dieser Zeit.
Dieses kleine Rosenzeichen geb ich dir. Gott segne dich!
(Text: Hans-Jürgen Netz, Textrechte im tvd-Verlag, Düsseldorf, Musik dazu: Oskar Gottlieb Blarr, auf der LP „Wenn der Stacheldraht blüht")

Entlaßgruß
Verschenken Sie die Rose an Ihren Partner, Ihr Kind, an die Nachbarin; an einen, der nicht damit rechnet... (*oder:* Verschicken sie die Karte...).

Lied

13 Die Liebe Gottes widerspiegeln

(Bußfeier mit einem Spiegel)

Vorbereitung
Jeder Gottesdienstbesucher erhält am Eingang einen kleinen Spiegel oder ein selbstgebasteltes „Spiegelkärtchen": Eine Karteikarte in Postkartengröße ist zur Hälfte geknickt. Auf dem Deckblatt steht: „Sinn des Lebens", auf der Innenseite: „Etwas die Liebe Gottes widerspiegeln" und rechts davon ist eine eingeklebte Spiegelfolie.

Lied – Persönliche Begrüßung
Darin: *(Beim Sprechen schaut der Gottesdienstleiter in einen größeren Handspiegel.)*
Wie oft schauen wir täglich in solch einen Spiegel und überprüfen – kürzer oder länger –, ob wir „so" unter die Menschen gehen können. Aber wir überprüfen nur unser Äußeres, und oft nehmen wir Korrekturen vor: mit dem Kamm, mit Creme..., es gibt ganze Techniken. Dabei wäre die Schönheit unserer Seele doch viel wichtiger! Mehr Lachen z. B. würde unsere Gesichtszüge auf die Dauer schöner machen.
Wir sind heute hier, um unser Gewissen zu spiegeln, unsere inneren Kräfte gewissermaßen einem „religiösen TÜV" zu unterwerfen. Ich darf Sie herzlich dazu einladen. Schauen Sie immer wieder bei den Geschichten und Gedanken in Ihren Spiegel, der genauso unklar ist wie – wahrscheinlich – der Spiegel unserer Seele. (N. b.: so jedenfalls bei Spiegelfolien.)

Gebet
So bitten wir dich, Vater im Himmel, im Namen Jesu komm uns zu Hilfe! Erleuchte uns mit deinem Geist. Schenke uns die Gesinnung deines Sohnes, der die Menschen mit guten Augen ansah. Schärfe auch unsere Augen, damit wir gut sehen: uns selbst und unsere Fehler. Laß uns wieder mehr das Gute an unseren Mitmenschen entdecken. Wir, die wir manchmal so schwarz sehen. Darum bitten wir...

Gewissenserforschung – Meditation
(Bitte auswählen und durch Lieder unterbrechen!)

1. ALLEINGELASSEN?
Kurzgeschichte: *Der Mann in New York*
In New York, auf einer belebten Straße, war ein Mann zu beobachten, der sich im Strom der Fußgänger dahinbewegte, einen kleinen Spiegel vor dem

Gesicht hertrug, in den Spiegel hineinblickte und mit seinem Abbild Gespräche führte. Die Vorübergehenden, die gelegentlich einen Blick auf ihn warfen, meinten, es handle sich um einen Geistesgestörten. Einmal wurde der Sonderling gefragt, warum er sich so verhalte. Er gab zur Antwort: „Niemand hört mir zu, niemand spricht mit mir. Meinen einzigen Partner finde ich im Spiegelbild."

- Sehe ich mich auch letztlich allein? Einfach in diese Welt geworfen? Bin ich voller Angst? Sehe ich alles nur als Schicksal oder Zufall an, dem auch Jesus am Kreuz zum Opfer fiel? Reagiere ich bei gravierenden Ereignissen mit den Worten: „Mach' das Beste draus!", „Toi, toi, toi!", „Laß den Kopf nicht hängen!", „Es wird schon wieder!", „Ich kann ja doch nichts machen!"? Oder glaube ich, daß Gott mich in seine Hand geschrieben hat? Glaube ich, daß er auf krummen Zeilen gerade schreiben kann? Bemühe ich mich um diese Sicht aus dem Glauben? Gibt mir dieses Gottvertrauen neue Kraft, die Schwierigkeiten zu bewältigen und nicht die Hände in den Schoß zu legen?

Stille

2. SICH SELBST SEHEN

„Kurzgeschichten 1", Nr. 133: Ein bißchen Silber.
(Inhaltsangabe: Eine Scheibe ist durchsichtig, und ich sehe die anderen. Sobald ich hinter die Scheibe ein bißchen Silber lege (= Spiegel), sehe ich nur mich.)

- Halte ich für jede Gefälligkeit die Hand auf? Rechne ich alles sofort in blanke Mark und Pfennig um? Bin ich noch bereit, mich um Gottes Lohn zu engagieren? Oder habe ich mich dem Denken dieser Welt angeglichen: „Sei doch nicht so verrückt! Du wirst nur ausgenutzt!"? Bin ich bereit, anderen „die Füße zu waschen"? Bin ich bereit, spürbar zu teilen: von der Not der Welt nicht nur betroffen zu sein, sondern auch zu helfen – auch wenn es nur ein Tropfen ist im Meer der Armut? Habe ich meinen Lebensstil vereinfacht? Spare ich Energie? Nicht, weil ich mir das nicht leisten könnte, sondern mit Rücksicht auf die, die nach mir kommen.

Stille

3. GOTT HEIZT UNS EIN

Lesung

der silberschmied gott

jeremia
besucht den silberschmied
der sitzt da vor einem feuer
und darüber hat er einen tiegel

und in den tiegel wirft er
einen ballen silber
rohes ungereinigtes silber
aus diesem silber

will er etwas ganz schönes machen
schmuck für die königin
und der silberschmied
tritt den blasebalg
und schürt das feuer
denn das silber braucht
zum reinigen
eine ganz bestimmte temperatur
und der silberschmied
er hat ein ganz haargenaues gespür
für die richtige temperatur
er weiß ▸ etwas zu heiß
und das kostbare silber verbrennt
und er weiß ▸
etwas zu wenig und das silber
läßt sich nicht reinigen

jeremias steht dabei
und schaut zu
und er denkt
ein gleichnis
dafür ist er ein prophet
er sieht in allem mehr
als die andern
und nachher will er
in den tempel gehn
und dieses gleichnis erzählen

aber zunächst schaut er weiter zu
er sieht
wie der silberschmied beginnt
offenbar hat das silber
die haargenau richtige
temperatur erreicht
der silberschmied
hat einen schöpflöffel
und mit diesem löffel
schöpft er immer
mit ruhiger sicherer hand
die oberste schicht
von dem flüssigen silber ab
eine feine schmutzschicht
und dann beugt er sich über den topf
und schaut hinein
aber er ist noch nicht ganz zufrieden
nach einer weile
geht er wieder mit dem löffel
in den tiegel
und noch behutsamer als vorher
geht er mit sicherer hand
über die oberfläche
und reinigt das silber
von den letzten schmutzresten
und er beugt sich wieder
über das flüssige silber im tiegel

und lange blickt er hinein
und dann lächelt er
und sagt zum propheten
jeremias schau einmal hinein
in das silber im tiegel
und jeremia schaut hinein
und
was sieht jeremia
er sieht sich selbst
sein angesicht
wie in einem blanken spiegel

und dann geht jeremia
in den tempel und predigt
gott ist wie ein silberschmied
wir sind wie ein barren rohes silber
er heizt unser leben ein
er weiß genau wie er uns
einheizen muß
was wir brauchen an feuer
an temperatur
er weiß die grenze
wo es für uns unerträglich wird
wo wir verbrennen
er weiß auch
genau daß die temperatur

nicht zu niedrig sein darf
dann wird der schmutz
unseres lebens
nicht verschwinden

und er heizt uns ein
und immer wieder schöpft gott
mit sicherer hand
ohne uns umzubringen
wie ein chirurg
immer wieder schöpft er fort
von unserem leben
den schmutz
so lange
schöpft gott ab von unserem leben

bis wir ganz blanke spiegel sind
solange
bis gottes antlitz ganz deutlich
auf unserem antlitz erscheint

dazu heizt gott uns ein
bis zu einer ganz
bestimmten temperatur
manchmal denken wir
wie hält man das aus
man denkt man geht drauf dabei
aber der große silberschmied gott
weiß besser
was gut ist
und was wir aushalten
bis
gott
das antlitz gottes
sich in uns spiegelt
auf der ganz klaren reinen oberfläche
unseres abgeschöpften lebens

(Wilhelm Willms, roter faden glück, Verlag Butzon & Bercker, Kevelaer 1982[4], 10.2)

• Stelle ich mich dem Läuterungsprozeß in meinem Leben? Oder betäube ich mich mit Aktivitäten, die mich nicht zum Nachdenken kommen lassen? Gehe ich Unangenehmem aus dem Wege? Mißbrauche ich Tabletten? Wollte ich die Hürden, die Gott mir in den Weg stellte, umgehen? Sehe ich in Schwierigkeiten die Chance, persönlich zu reifen? Ist mein Spiegel schon blind geworden durch Bequemlichkeit? Warum drücke ich mich vor einer Beichte oder einem Beichtgespräch? Vielleicht will der Silberschmied mich endlich befreien von etwas Belastendem?

Stille

4. SPLITTER IM AUGE

Kurzgeschichte: *Die beiden Spiegel.*
Ein Märchen erzählt: Satan, der Spaß daran hat, alles zu verwirren und durcheinanderzubringen, hatte einen Spiegel gemacht, an dem er seine teuflische Freude hatte. Dieser Spiegel zeigte alles Gute und Schöne ganz klein und zusammengeschrumpft; was aber schlecht war, trat übergroß ins Bild. Überall hielt er diesen Spiegel hin, und es gab kein Land und keine Menschen mehr, die nicht verzerrt darin zu sehen waren. – Eines Tages mußte der Böse über das Ekelhafte, das er im Spiegel sehen konnte, so lachen, daß er ihm aus den Händen rutschte und zerbrach – in Tausende, ja

Millionen Teile. Und ein böser Sturm, ein Orkan, trieb die Splitter über die ganze Erde. Manche Splitter waren so klein wie ein Sandkorn; sie saßen vielen Menschen in den Augen. Diese Menschen sahen an anderen alles verkehrt; sie sahen nur das, was schlecht war. – Sind wir solchen Menschen schon begegnet? Manche Spiegelscherben waren so groß, daß sie als Fensterscheiben benutzt werden konnten. Aber sehen wir nicht hindurch! Wir entdecken nur das Häßliche an unseren Nachbarn. Andere Scherben kamen in Brillen, und wenn die Leute diese Brillen aufsetzen, dann ist es schwer für sie, richtig hinzusehen und gerecht zu urteilen.
Als Gott sah, wie verkehrt viele Menschen alles sahen, beschloß er, ihnen zu helfen. Er sagte: Ich will meinen Sohn in die Welt schicken. Er ist mein Ebenbild, mein Abbild, mein Spiegelbild. Er spiegelt meine Güte, meine Gerechtigkeit wider; er spiegelt den Menschen so, wie ich ihn gemeint habe! Und Jesus hielt diesen Spiegel den Menschen vor. Er zeigte das Gute in den Menschen, sogar in Betrügern, Räubern, verachteten Frauen. Er ließ in den Kranken den Mut zum Leben wieder wachsen. Er tröstete die Menschen, die trauerten, und sagte: Ich bin das Kraut* gegen den Tod.
Viele Menschen liebten diesen Spiegel Gottes und liefen Jesus nach. Sie waren begeistert von ihm. Andere aber ärgerten sich, sie griffen ein und zerbrachen den Spiegel: Jesus wurde getötet. Aber da erhob sich ein guter Sturm: der Heilige Geist, der die Tausende, die Millionen Splitter dieses Spiegels über die ganze Welt blies. Und wer nur ein Splitterchen dieses Spiegels ins Auge bekommt, der lernt die Welt und die Menschen so sehen, wie Jesus sie gesehen hat: Das Gute und Schöne fällt zuerst ins Auge, das Böse und Gemeine aber ist veränderlich und überwindbar.
(frei nach Christian Andersen und Christian Zippert)

• Welche Splitter habe ich im Auge? Warum lobe ich nicht öfter? Warum freue ich mich nicht mit an einer gelungenen Sache? – „Wenn ich den schon sehe!“, könnten das meine Worte sein? Warum werte ich andere oft ab? Damit ich besser dastehe oder weil ich zu mir selbst nicht ja sagen kann?

Stille

Text

I: Herr, es gibt nur zwei Arten von Liebe: Die Eigenliebe und die Liebe zu dir und den anderen. Und jedesmal, wenn ich mich egoistisch liebe, schwindet meine Liebe für dich und die anderen.

II: Das Gift der Eigenliebe sauge ich jeden Tag ein: Sie hängt meinen Gedanken nach und macht mich taub für die Worte des anderen. Sie wählt das Fernsehprogramm, das *ich* gerne sehen möchte.

* Anspielung auf ein Märchen

I: Die Eigenliebe beklagt nur mein Schicksal und beachtet nicht das Leid der anderen. Sie predigt nur meine Lebensphilosophie und mißachtet die der anderen.

II: Die Eigenliebe rät mir, für die Armen nur ein klein wenig abzuzweigen und damit mein Gewissen einzuschläfern, aber das große Geld lege ich für meine Zukunft an. Die Eigenliebe ist zufrieden mit mir: „Ich stelle was dar!"

I: Herr, was noch schlimmer ist: Die Eigenliebe ist eine gestohlene Liebe. Liebe – die von dir für die anderen bestimmt war, damit sie sich ernst genommen fühlen und leben können.

II: So schafft diese gestohlene Liebe die meisten menschlichen Leiden: das Leiden des Jugendlichen, für dessen Nöte die Eltern keine Zeit haben. Das Leiden des Ehepartners, der langsam an der Seite des anderen zerbricht.

I: Das Leiden des Kindes, das nur lästig geworden ist. Das Leiden des Alten, über den sich lustig gemacht wird.

II: So entsteht das Leiden hungernder Menschen, während wir die Hälfte des kalten Büffets in den Mülleimer schütten. So entsteht das Leiden des einsam Sterbenden, weil im Nebenzimmer beim Kaffeetrinken die Gedanken schon bei der Erbschaft sind.

I: Alle Ungerechtigkeiten und Verzweiflungen sind Hunger nach Liebe. Wir Menschen verschulden diese entstellte Welt durch unsere Ich-Süchte.

II: Darum hilf mir lieben, Herr! Damit die Teufelskreise aufhören. Damit niemand um mich leidet, weil ich Liebe stehle und meine Liebeskräfte vertrödele.

I: Und du, Herr, wirst sprechen: Du allein bist zu schwach, wenn die Menschen hungern nach der unendlichen Liebe, die nur Gott schenken kann. Aber du kannst mein Werkzeug sein: Nimm meine Liebe auf in dein Herz und schenke sie weiter. Es sind lebendige Tropfen in der Durstwüste nach Liebe.

(stark verkürzt und verändert nach Michael Quoist; Herr, da bin ich. Gebete, 60. Auflage 1978, Verlag Styria, Graz/Wien/Köln)

Meditationsmusik

Lesung

Joh 13,34.14 (Jesus spricht: Liebt einander)

Später schreibt Johannes, der uns diese Worte Jesu aufschrieb: 1 Joh 4, 10.11.20 (Wenn Gott uns so sehr liebt, müssen auch wir einander lieben.)

Das ist der Sinn unseres Lebens: Die Liebe Gottes widerspiegeln, weitergeben!

Weitere Geschichten und Aspekte zum Spiegel:
„Kurzgeschichten 1", Nr. 65: Der Tod der Kirche St. N. N.
Oder: Raubtiere hält man im Zoo hinter starken Gittern. Im Frankfurter Zoo gibt es zwischen Käfigen eine Tafel, auf der steht: „Sie sehen hier das gefährlichste Raubtier!" Und was sieht man? – In einem Spiegel – sich selbst!
Oder: Mädchen und Jungen gehen in einem langen Zug im Gänsemarsch schweigend durch die Kirche. Jeder schaut in sich selbst vertieft in einen Spiegel. Auch auf Zurufe aus der Gemeinde reagieren sie nicht. Erst als ein Kirchenbesucher dem ersten der Gruppe den Spiegel abnimmt und klirrend auf die Erde wirft, sehen sie auf. Jetzt erst weitet sich der Blick.

(Ein Anspiel von Wilhelm Willms, „aus der luft gegriffen", Verlag Butzon & Bercker, Kevelaer 1979^3, S. 27f)

Schuldbekenntnis – Vergebungsbitte – Bitten – Dankpsalm – Segen: siehe Anhang 2–5

Entlaßgruß
Nehmen Sie den Spiegel mit nach Hause, damit er Sie noch einige Zeit daran erinnert, daß wir die Liebe Gottes widerspiegeln sollen.

Schlußlied

(Vgl. die „Spiegel-Gedanken" in der Bußfeier mit dem großen Zündholz unter Gewissenserforschung-Meditation Nr. 3: Voraussetzung zum Zünden.)

14 Neu den Frieden versuchen

(Bußfeier mit einem Stück Kordel)

Vorbereitung
Jeder Teilnehmer erhält ein ca. 40 cm langes Stück Kordel, in das einige Knoten geschlungen sind.

Viele zerschneiden die Knoten in ihren Gefühlen. Ein zerschnittener Knoten aber bedeutet immer einen zerstörten Faden. Nimm dir Geduld und Hilfe, den Knoten aufzuknibbeln!

(Christiane Allert-Wybranietz)

Lied – Persönliche Begrüßung

Hinführung: siehe Anhang 1, Nr. 2–4, 9–11, 19, 20, 49, 50, 59, 60 etc.

Gebet
Herr, unser Gott, wir stehen vor dir mit einer Schnur in der Hand, in die unsere Probleme eingeflochten sind. Komm, Geist Gottes, mit dem Feuer deiner Erkenntnis und erleuchte uns bis auf den Grund unserer Seele, damit wir erkennen, was wir falsch machen. Und dann schenke uns auch deine Kraft, neue Wege zu gehen. Darum bitten wir durch Christus, unseren Herrn.

Gewissenserforschung – Meditation
(Durch Lieder unterbrechen)

1. MIT VEREINTEN KRÄFTEN DAS PROBLEM LÖSEN
Die Knoten in unserer Kordel können einen Streit darstellen. Von dem Schweizer Nationalheiligen, Nikolaus von Flüe, wird folgendes berichtet: Bei einem Streit unter den Eidgenossen trat er mit einem solchen Knoten im Seil vor die Streithähne und fragte: „Wie kann ich diesen Knoten lösen? Indem an beiden Seiten gezogen wird? Dann wird der Knoten um so härter und verbissener! Oder indem einer nachgibt und der andere weiterzieht? Auch dann bleibt der Knoten, wenn eine Partei immer den unteren Weg geht! – Er läßt sich nur lösen, wenn beide Seiten einander entgegenkommen, um im Gespräch mit vereinten Kräften das Problem anzugehen."

• Ist deshalb mein Problem nicht lösbar, weil ich die entscheidenden Schritte vom *anderen* erwarte? Bin ich deshalb so unzufrieden, weil ich immer den unteren Weg gehen soll? Habe ich den Mut verloren, auf andere zu hören und mit anderen zu sprechen, weil die Fronten doch unversöhnlich gegeneinander stehen und die Gespräche immer wieder in den bekannten Argumenten enden? Wann habe ich den letzten Versuch gestartet? Habe ich auch mit Gebet und Versöhnungsbereitschaft ein solches Gespräch vorbereitet? Meine ich, auch im Vertrauen auf Gott wäre ein erneuter Versuch hoffnungslos?

Stille

2. *DER GORDISCHE KNOTEN*

Aus einer Geschichtsstunde kenne ich den Bericht um den Gordischen Knoten. Da kam also Alexander der Große auf seinem Eroberungsfeldzug in eine Stadt, in der ein kunstvoll verschlungener Knoten gezeigt wurde. Ein Orakelspruch versprach dem, der diesen Knoten lösen könne, Weltruhm und Erfolg. Bisher hatte ihn noch kein Mensch aufknüpfen können.
Alexander der Große besah sich den berühmten Knoten von allen Seiten. Dann zog er kurzentschlossen sein Schwert und – hieb den Knoten mitten durch! Na, ja. Auch eine Möglichkeit.
Aber hätte meine Mutter danebengestanden, dann hätte es Ärger gegeben. Wenn bei uns ein verschnürtes Paket ankommt und ich nähme mein Schwert – Entschuldigung: mein Taschenmesser oder eine Schere, um die Kordel und die Knoten durchzuschneiden, dann würde meine Mutter bestimmt mit strengem Ton sagen: „So nicht!"
Immer wenn es Konflikte und Schwierigkeiten gibt, treten Anhänger der säbelrasselnden Methode vor und knurren: „Alles Quatsch! Losschlagen ist das einzig Senkrechte! Die Rübe ab...!" Nur, was kommt dabei heraus? Wer durchhackt, zerschneidet alles, unterbricht alle Verbindungen.
Aber wer Knoten entwirrt, setzt auf Zusammenhalt, schafft Offenheit und Vertrauen.

(frei nach Erich Kästner, nach einer Idee bei Günther Götz, Praxis in der Gemeinde, Matthias-Grünewald-Verlag 1981, Heft 4, S. 40f)

• Habe ich bei Konflikten einfach durchgehackt? Und ist es dadurch besser geworden? War es nicht ein Zeichen meiner unbeherrschten Wut und der mangelnden Argumente, daß ich plötzlich „zugeschlagen" habe?

Stille

Text

I: Herr, ich sehe, wie ich ausgenutzt werden kann, wenn ich großzügig und friedensliebend sein will.

II: Und ich höre deine Stimme: Liebe sie trotzdem.

I: Herr, ich spüre, wie mich meine Ehrlichkeit, die ich versuche, verwundbar macht.

II: Und ich höre deine Stimme: Sei trotzdem ehrlich.

I: Herr, ich erfahre, wie Güte oft für Dummheit gehalten wird.

II: Und ich höre deine Stimme: Gib trotzdem dein Bestes. Güte ist in meinen Augen nie Dummheit.

Stille

3. DIE KNOTEN LÖSEN

Während der folgenden Meditationsmusik lösen wir die Knoten in der Schnur. Ich begleite unsere Bemühungen mit einigen Kommentaren, weil ich meine, wir können bei diesem Tun etwas von unserem Innenleben kennenlernen.

Kommentare

(Nach einiger Zeit langsam und mit Pausen in die Musik hineinsprechen) Wie schnell geben wir bei verzwickten Knoten auf! Ist das in unserem Leben ähnlich? Oder sind meine Hände zu ungelenk geworden, um sich bei Problemen des Gefühls mit dem entsprechenden Fingerspitzengefühl zu engagieren? Warum haben wir gar nicht angefangen, unsere Probleme zu lösen? – Wenn die Augen nachlassen, sind auch kleine Probleme immer schwieriger zu lösen. Warum gehen wir nicht den Nachbarn um Hilfe an? – Und die ihre Probleme schnell gelöst haben, warum haben die nicht schon nach rechts und links geschaut, nach vorne und hinten, um anderen beim Lösen der Probleme zu helfen? Habe ich draußen ähnliche Hemmungen und blinde Augen?

Lied

4. DAS FADENGLEICHNIS

Jetzt haben fast alle ihr Stück Schnur glatt und ohne Knoten vor sich oder in Händen. Ein Gleichnis sagt: Jeder von uns ist über einen Faden mit Gott verbunden. Wenn einer eine Sünde begeht, reißt der Faden durch. Da die meisten von sich nicht annehmen, schwere Sünder zu sein, sagen wir: An manchen Stellen ist der Faden dünner geworden, manchmal zum Zerreißen dünn: auch gerade durch Unterlassen des Guten; durch fehlende Versöhnungsbereitschaft; durch mangelndes Gottvertrauen, es wieder zu versuchen. Bereut der Mensch seine Schuld, fährt das Gleichnis fort, so knüpft Gott den Faden wieder zusammen. Das bedeutet für den Faden ein Kürzerwerden, aber der Mensch kommt dadurch näher zu Gott.

• Ist das nicht sehr tröstlich? Verstehen wir jetzt, warum Jesus gerade die Sünder und Ausgestoßenen so oft die Barmherzigkeit Gottes erfahren ließ? Auch uns Sündern ist mitten in unserem Versagen – selbst der Gerechte fällt siebenmal am Tag und sei es durch Unterlassen des Guten – diese Barmherzigkeit zugesagt! Weil Gott uns so viel Güte zugesagt hat, uns so viel schenkt, sollen wir seine Gnade weiterschenken. Ein Grund mehr, einen neuen Anlauf zu nehmen und einen neuen Start zu versuchen. Unter diesem Gesichtspunkt wollen wir jetzt auch Jesus selbst hören:

Lesung

Mt 18,21–22 (77 x vergeben)
Mt 5,23–26 (Versöhne dich zuerst)
evtl. Joh 13,1–15 (Ein Beispiel habe ich euch gegeben)
Oder folgende freie Neudichtung nach den Psalmen des Deutero-Jesaja:
Eine Stimme steht auf in Dschungeln der Macht. Sie erhebt sich in den Sümpfen der Gewalt, in Kratern der Unmenschlichkeit. Eine Stimme steht auf und ruft und ruft: Baut eine Straße der Menschlichkeit! Baut eine Straße zu Gott! Jede Sperre der Freiheit soll weggeräumt werden, jeder Wall der Vorrechte abgebaut, jeder Stacheldraht entflochten, jedes Todeswerkzeug entmachtet, jede Grube des Hasses zugeschüttet, und jedes Schlagloch der Willkür ausgefüllt werden. Eine Stimme steht auf in den Wohlstandsöden, in den Wüsten der Ichsucht, in steinigen Feldern der Gleichgültigkeit, in den Flammen der Bombennächte, in den verkohlten Brandstätten des Krieges, und sie ruft, und sie ruft: Baut eine Straße der Brüderlichkeit! Baut eine Straße zu Gott!

Lied – Meditationsmusik

Schuldbekenntnis – Vergebungsbitte: siehe Anhang 2
Friedensgruß

Bitten (evtl. gemeinsam)
Herr, wir bitten dich um Menschen mit einem neuen Lebensstil: Menschen, die bereit sind, alle privaten Gewehrläufe zu zerbrechen und Brücken der Versöhnung zu bauen. Herr, wir bitten dich um Menschen, die alle Knoten, Verdrehungen und Intrigen lösen wollen durch Verhandlungsbereitschaft und Verzeihen.

Herr, wir bitten dich um Menschen, die Mut haben, allen gewaltsamen Lösungen entgegenzutreten; die unaufhörlich um Frieden bemüht sind in ihren Herzen und in den Häusern – und so beitragen zum Frieden in der Welt.
Herr, wir bitten dich um Stärke und Phantasie für alle, die wissen, daß wir nur gemeinsam Frieden schaffen können; die wissen, vom Frieden reden, hilft nicht viel: Er kommt nur, wenn wir ihn wagen.

Dankpsalm – Segen: siehe Anhang 4 und 5

Entlaßgruß
Nehmen Sie bitte das Stück Kordel mit. Lassen Sie es in der Jacke oder im Mantel. Im Notfall ist so ein Stück Kordel sehr wichtig zum Zusammenbinden. Es gehört auch zum nötigsten Gepäck der Überlebenskünstler in extremen Situationen. – Die Buße oder Wiedergutmachung lautet: Mit einem Menschen, mit dem Sie in Spannung leben, versuchen Sie einen neuen Anfang. Das kann ein Brief sein, ein Telefonanruf, ein Gespräch, vielleicht ein kleines Geschenk, an dem der Betreffende ohne alle Worte erkennen kann: da steht eine Tür offen. Versuchen wir es im Vertrauen auf Gott und mit der Unterstützung eines Gebetes.

Schlußlied

15 Zeit in Ewigkeit verwandeln

(Bußandacht mit einem Wollfaden)

Vorbereitung
Jeder Teilnehmer erhält einen Wollfaden von etwa 30 cm Länge. Auch liegen Blätter in DIN-A 5 aus gutem Papier und Stifte in den Bänken.

Lied – Persönliche Begrüßung

Hinführung: siehe Anhang 1, Nr. 1, 4, 6, 14, 31, 36, 56–59, 68

Gebet
Gütiger Gott. Heute ist der erste Tag vom Rest unseres Lebens. Die Zeit zerrinnt in unseren Händen. Es heißt, die wichtigste Stunde ist immer die augenblickliche. So laß uns auch diese Stunde jetzt nutzen: Laß sie uns dir und unseren Mitmenschen näherbringen. Das bitten wir durch...

Geschichte mit den Wollfäden

Hinführung: Sie haben sich sicher schon gefragt, was hat dieser Wollfaden in meiner Hand denn mit Zeit und Stunden zu tun? Darum zur Erklärung folgende Geschichte:

Sprecher: Die Kupfermünze mit den Wollfäden

Eine Frau schreibt: Einmal habe ich eine Zeitlang in China gelebt. Aber ich bekam Heimweh. Ich konnte mich einfach nicht gewöhnen an die Gerüche in der Luft, die Unbilden der Natur, das nächtliche Zirpen der Zikaden und an das Meer der fremden, gelben Gesichter. Vor allem: Ich war allein.
Und dann kam der Heilige Abend. Ich saß verheult in meinem Zimmer, da ging die Tür auf, und der chinesische Koch brachte mir ein Geschenk: eine chinesische Kupfermünze mit einem Loch in der Mitte, durch das viele bunte Wollfäden gezogen und zu einem Zopf zusammengeflochten waren. Als ich dieses merkwürdige Geschenk einem Bekannten zeigte, der seit Jahrzehnten in China lebt, war ich über die Erklärung bis ins Innerste getroffen: Jeder Wollfaden bedeutete eine Stunde des Glücks, die mir geschenkt wurde. Da war also der Koch durchs halbe Hotel gelaufen, und fast jeder Kuli hatte mir, der Fremden aus Europa, eine Stunde vom eigenen Glück geschenkt. Nun ja, Chinesen sind abergläubisch. Aber gibt es gerade auf diesem Hintergrund ein

kostbareres Geschenk, als mir einen Teil ihres Lebens, noch dazu eine Glücksstunde, abzutreten?
Ich habe nie wieder ein vergleichbares Weihnachtsgeschenk bekommen. Von diesem Tag an fühlte ich mich in China zu Hause. Und die Münze mit dem bunten Wollzopf hat mich jahrelang begleitet – bis ich eines Tages noch einen Wollfaden dazugeknüpft habe und alles weitergab an einen, der übler dran war als ich.
(stark verkürzt nach der Geschichte „Die Kupfermünze" von Joe Federer)

Weiterführung: In diesem Gottesdienst wollen wir die Idee dieser Geschichte aufgreifen und selbst praktizieren: Jeder, der möchte (also freiwillig!), kann auf einem Stück Papier seine Bereitschaft bekunden: Ich möchte eine Stunde meiner Zeit an einen hier anwesenden Gottesdienstteilnehmer verschenken. Sie schreiben Ihre Adresse hinein und binden den „Brief" mit Ihrem Wollfaden zu einer Rolle, die eingesammelt wird. Am Ende dieses Gottesdienstes können sich alle, die mitgemacht haben, eine Rolle vorne am Altar holen und später miteinander Kontakt aufnehmen: Sie laden ein, und Sie werden eingeladen. Vielleicht durchbrechen wir auch so unsere selbstgeschaffenen Kreise.
Doch zunächst wollen wir noch weiter über unsere „Zeit" nachdenken.

Meditation – Gewissenserforschung
(Bitte unbedingt auswählen!)

1. „KEINE ZEIT"
Warum haben wir so wenig Zeit? Zwei Geschichten wollen uns weiterhelfen:

a) Wir kosten die Augenblicke nicht aus, sondern sind immer schon beim nächsten Ereignis. Darum erleben wir kaum noch etwas mit Tiefgang.
Hier aus „Kurzgeschichten 1", Nr. 178: Wenn ich stehe, ...
(Inhaltsangabe: Ein in der Meditation erfahrener Mann sagt: „Wenn ich stehe, dann stehe ich. Ihr aber steht und lauft schon...!")
oder auch aus „Kurzgeschichten 2", Nr. 167: Alles geht nach der Uhr; Nr. 194: Ein sehr tätiger Mann; Nr. 195: Der Mensch, der seine Mitte verlor. Aus „Kurzgeschichten 1", Nr. 188: Der Götze Terminkalender; Nr. 189: Die Geschichte vom eiligen Mann.
Siehe auch Bußandacht mit einer Schnecke, Punkt 3, 5, 7.
• Gehöre ich zu den gehetzten Menschen, die nicht mehr viel ausstrahlen, weil sie ihre innere Mitte als ruhenden Pol verloren haben? Zu welchen Dingen kann ich in Zukunft nein sagen, um das zu ändern?

Stille

b) Unser Umgang mit der Zeit ist gestört. Wenn sie nicht komplett verplant ist, sind wir nicht glücklich. Das wird uns besonders im Spiegel des Handelns der Menschen aus anderen Erdteilen klar. Interessant die Sicht eines Südseehäuptlings, der die Weißen – er nennt sie in seinem Tagebuch „Papalagi" – genau beobachtet hat:
Der Südseehäuptling sagt: „Der Papalagi ist immer unzufrieden mit seiner Zeit, und er klagt den großen Geist dafür an, daß er nicht mehr gegeben hat. Ja, er lästert Gott und seine große Weisheit, indem er jeden Tag nach einem ganz gewissen Plan teilt und zerteilt. Er zerschneidet ihn gerade so, als führe man kreuzweise mit einem Buschmesser durch eine weiche Kokosnuß. Alle Teile haben ihren Namen: Sekunde, Minute, Stunde. Die Sekunde ist kleiner als die Minute, diese kleiner als die Stunde, und man muß sechzig Minuten und noch viel mehr Sekunden haben, ehe man soviel hat wie eine Stunde.
Es gibt in Europa nur wenige Menschen, die wirklich Zeit haben. Vielleicht gar keine. Daher rennen auch die meisten durchs Leben wie ein geworfener Stein. Fast alle sehen im Gehen zu Boden und schleudern die Arme weit von sich, um möglichst schnell voranzukommen. Wenn man sie anhält, rufen sie unwillig: „Was mußt du mich stören; ich habe keine Zeit; sieh zu, daß du die deine ausnützt!" Sie tun gerade so, als ob ein Mensch, der schnell geht, mehr wert sei und tapferer als der, welcher langsam geht.
Ich glaube, die Zeit entschlüpft ihm wie eine Schlange in nasser Hand, gerade weil er sie zu sehr festhält. Er läßt sie nicht zu sich kommen. Er jagt immer mit ausgestreckten Händen hinter ihr her, er gönnt ihr die Ruhe nicht, sich in der Sonne zu lagern. Sie soll immer ganz nahe sein, soll etwas singen und sagen.
Die Zeit aber ist still und friedfertig und liebt die Ruhe und das breite Lagern auf der Matte. Der Papalagi hat die Zeit nicht erkannt, er versteht sie nicht, und darum mißhandelt er sie."

(aus: Der Papalagi. Die Reden des Südseehäuptlings Tuiavii aus Tiavea. Erich Scheurmann. Tanner + Staehelin-Verlag, Waserstr. 16, CH-8029 Zürich)

Hier auch möglich: „Kurzgeschichten 2", Nr. 162: Gegen ein Maschinenherz.
Oder: „Kurzgeschichten 1", Nr. 224: Sich Zeit lassen.
(Inhaltsangabe: Der kleine Prinz will statt der durststillenden Pillen gemächlich zu einem Brunnen laufen.)

Meditationsmusik

2. ZEITGUTSCHEINE

Jeder von uns hat von Gott viel Zeit geschenkt bekommen. Wieviel – das weiß keiner. Darum: Nütze die Zeit! Aber wie? Die folgende Geschichte stößt uns auf dieses Problem: „Kurzgeschichten 2", Nr. 147: Zeitgutscheine. (Inhaltsangabe: Von einem Unbekannten bekommt ein Mensch ein Bündel Zeitgutscheine (= sein Leben) mit der Aufforderung, die Gutscheine gut anzulegen. Er teilt auch seine Scheine sehr gewissenhaft ein, stellt aber fest: da ist praktisch nichts zu verschenken. Da erscheint wieder der Unbekannte und schlägt entsetzt über so viel Geiz die Hände über dem Kopf zusammen. Er zeigt ihm den Hinweis auf der Rückseite der Scheine: Wandle deine Zeitgutscheine in „Ewigkeit" um! Ja, aber wie...?)

Lesung
Jesus gibt uns in der Bergpredigt Hinweise, wie unser begrenzter Schatz an Zeit in grenzenlose Ewigkeit umgewandelt werden kann: Mt 5,3–12, Selig sind...
oder Ps 39: Der vergängliche Mensch;
oder Mt 25,14–30: Gleichnis von den Talenten;
oder Mt 25, 31–46: Vom Weltgericht (was wir nicht getan haben, klagt uns an).

Meditationsmusik

Text
I: Herr, wenn ich glückliche Menschen genauer betrachte, merke ich: Grund für ihr Glück sind nicht in erster Linie Geld oder dicke Geschäfte, nicht Leistung oder Genuß.
II: Glückliche Menschen sind meistens einfach, ausgeglichen. Sie können staunen und stehen irgendwie fest und geborgen im Strom der Zeit.
I: Glückliche Menschen machen keinen gehetzten Eindruck. Sie haben Humor, Demut und Gottvertrauen.
II: Herr, hole mich heraus aus meinen oft selbstherrlichen Träumen. Laß mich froh und dankbar ja sagen zu dem, was du mir zuteilst.
I: Weil du mir Stütze und Stab bist, laß auch mich eine Hilfe sein für andere.

Stille

• Habe ich mir die Zeit genommen, täglich ein paar Augenblicke für Gottes Güte „Danke" zu sagen? Habe ich sonntags meinen Dienst an Gott durch meinen Besuch des Gottesdienstes auch für die Gemeinschaft sichtbar gemacht? Nehme ich mir genügend Zeit für meine Familie, wenigstens am Wochenende? Habe ich genügend Zeit für mich selbst, um über Sinn und Ziel meines Handelns nachzudenken? Habe ich wirklich keine Zeit, meine Mitarbeit in der Gemeinde, im Verein, zum Allgemeinwohl anzubieten?

Habe ich meine Zeit in Ewigkeit umgesetzt durch Trösten, Barmherzigkeit, Frieden stiften, durch Ertragen von Ungerechtigkeit und Leid, durch Mit-Leiden...?

Stille

Aktion
Wer möchte, schreibt jetzt während der Meditationsmusik einen Gutschein mit Angabe seiner Adresse und Telefonnummer und bindet ihn mit dem Wollfaden zu einer Rolle zusammen. Dieser Zeitgutschein mit dem angegebenen späteren Treffpunkt kann eine Stunde Spaziergang sein, Gespräch, Zuhören, Kaffeetrinken... Das ist Ihrer Phantasie überlassen. Vielleicht machen Sie außen an der Rolle noch ein kleines Erkennungszeichen, damit Sie am Ende des Gottesdienstes nicht gerade Ihre eigene Rolle ziehen.

Meditationsmusik und Einsammeln der Rollen, die auf den Altar gelegt werden.

Schuldbekenntnis – Vergebungsbitte – Bitten: siehe Anhang 2–3

Dankpsalm
GL 718 (Der Herr ist mein Hirt = Ps 23) oder GL 728 (Vergänglichkeit des Menschen = Ps 49) oder GL 736 (Der ewige Gott – der vergängliche Mensch = Ps 90).

Segen: siehe Anhang

Entlaßgruß
Wer mitgemacht hat, kann sich jetzt hier vorne am Altar eine Stunde besonderer Zeit ziehen, die er geschenkt bekommt. Seien Sie nicht sehr wählerisch und glauben Sie daran, daß es keinen Zufall gibt und Gott seine Hände jetzt im Spiel hat. Betrachten Sie das Ganze als kleine, hoffentlich frohmachende Buße und Wiedergutmachung.

Schlußlied

16 Umweltschutz

(Bußfeier mit Postkarte)

Vorbereitung
Jeder Teilnehmer erhält eine Postkarte mit dem Bild „Mich dürstet nach reinem Wasser" von Roland Litzenburger. Siehe Abbildung. (Bestelladresse: R. Peter Litzenburger, Hinterer Birken 24, 88677 Markdorf-Leimbach.) Es gibt dazu auch Plakate in Originalgröße (42 × 60 cm) als Schwarzweißdruck.

Lied – Persönliche Begrüßung

Hinführung
Mittlerweile pfeifen es die Spatzen von den Dächern: Wir haben bedenkenlos das Wasser verseucht und die Luft verpestet. Wir sägen den Ast ab, auf dem wir sitzen. Und wir hier sind alle mitschuldig, weil wir tüchtig weiterkonsumieren. Dieser Bußgottesdienst soll uns einige Häute von den Augen ziehen, damit wir wieder mehr sehen und die Zukunft nicht verbauen.

Oder **Hinführung,** siehe Anhang 1, Nr. 27–29, 49, 55, 61

Gebet *(Schauen sie dabei auf die Karte!)*
Herr, unser Gott. Ein gekreuzigter Fisch steht vor unseren Augen. Er dürstet nach reinem Wasser. In ihm sehen wir einen Teil der geplagten Schöpfung, die ausgebeutet und langsam zugrundegerichtet wird. Wir bitten dich, laß uns im Wald von Antennen nicht die Antenne für deinen Heiligen Geist und deine Schöpfung, ja für das wirkliche Leben verlieren. Darum bitten wir durch Christus, unseren Herrn.

Gewissensbildung – Meditation
(Mit Liedern unterbrechen, z. B. GL 259, 268, 297)

1. REDE DES HÄUPTLINGS SEATTLE: ÄUSSERER UMWELTSCHUTZ
Pr.: Vor ungefähr einhundertdreißig Jahren hielt der Indianerhäuptling Seattle in Amerika vor anderen Häuptlingen folgende Rede:
1. Spr.: Der große Häuptling in Washington, der Präsident, will unser Land kaufen. Aber wieso kaufen? Es gehört uns doch gar nicht. Wir sind ein Teil der Erde, und sie ist ein Teil von uns: Jede glänzende Tannenadel ist uns heilig, jeder Küstenstreifen, jedes summende Insekt.
2. Spr.: Die duftenden Blumen sind unsere Schwestern. Das Reh, das Pferd, der große Adler sind unsere Brüder. Alle gehören zur gleichen Familie: die felsigen Berge, die saftigen Wiesen, die Ponys und – der Mensch. Jeder Teil dieser Erde ist meinem Volk heilig!

Eventuell hier den Kanon:
Jeder Teil dieser Erde ist meinem Volk heilig. (Siehe „Mein Liederbuch für heute und morgen“, B 72, tvd-Verlag, Düsseldorf)

1. Spr.: Und der Indianerhäuptling fuhr fort: Wir wissen, daß der Weiße Mann uns nicht versteht. Er tut so, als sei diese Erde sein Feind: Er erobert sie, plündert sie aus und – geht weiter. Er behandelt seine Mutter, die Erde, und seinen Bruder, den Himmel, wie Dinge, die man kaufen und verkaufen kann. Wenn er so weitermacht, wird er nur eine Wüste hinter sich zurücklassen.
2. Spr.: Wir geben unser Land nur unter drei Bedingungen ab:
1. Der Weiße Mann muß die Luft als sehr wertvoll betrachten. Denn alle: die Tiere, der Baum, der Mensch atmen die gleiche Luft.
2. Der Weiße Mann muß das Wasser als sehr wertvoll betrachten. Denn alle: die Tiere, der Baum, der Mensch trinken das gleiche Wasser.
3. Der Weiße Mann muß die Tiere dieses Landes als seine Brüder behandeln. Ich habe tausend Büffel in der Prärie verenden sehen, die ein Weißer Mann nur so aus Spaß von einem vorbeifahrenden Zug aus geschossen hat. Wir töten die Büffel nur, um am Leben zu bleiben.
1. Spr.: Wir fürchten, was immer den Tieren geschieht – bald wird es auch den Menschen geschehen. Alle Dinge sind doch miteinander verknüpft wie das Blut, das eine Familie eint! Was immer an der Erde zerstört wird, wird an den Söhnen und Töchtern der Erde zerstört!
2. Spr.: Der Mensch hat das Netz des Lebens nicht geknüpft. Er ist nur ein Faden darin: Was immer er dem Netz antut, er tut es sich selbst an.
1. Spr.: Eines wissen wir, was der Weiße Mann vielleicht eines Tages selbst entdecken wird: Unser Gott ist auch der Gott der Weißen Männer. – Diese Erde ist ihm kostbar. Wer diese Erde verletzt, verachtet Gott, den Schöpfer.
2. Spr.: Aber fahrt nur fort, euer Bett zu vergiften! Eines Nachts werdet ihr in eurem eigenen Abfall ersticken.
1. Spr.: Wenn wir euch also unser Land abgeben, liebt es, wie wir es geliebt haben. Sorgt dafür, wie wir dafür gesorgt haben: Mit all eurer Kraft, mit eurem ganzen Verstand, mit eurem ganzen Herzen bewahrt es für eure Kinder. Und liebt es, so wie Gott uns alle liebt.
2. Spr.: Eines wissen wir: Unser Gott ist derselbe Gott. Diese Erde ist ihm kostbar.
1. Spr.: Vielleicht werden wir nach allem einst Brüder sein. Wir werden sehen.

Eventuell Lied: We shall overcome...bzw. Siegen wird das Gute. (Siehe „Mein Liederbuch für heute und morgen“ D 15, tvd-Verlag, Düsseldorf)

Pr.: Die Indianerhäuptlinge stimmten zu, das Land dem amerikanischen Präsidenten zu überlassen. Sie zogen in ein anderes Land, das ihnen zugewiesen wurde. Aber der Weiße Mann brach die Verträge...

(sehr verkürzt, ergänzt und leicht umgestellt nach: „Diese Erde ist uns heilig", Arbeitsgemeinschaft der Evangel. Jugend in der BRD und Berlin, Porschestr. 3, 70435 Stuttgart)

Oder: Der Sonnengesang des hl. Franziskus, GL 285,
Oder: Jörg Zink, Die letzten sieben Tage, in „Die Welt hat noch Zukunft", S. 17, Kreuz Verlag, Stuttgart 1973[3]; auch in „Fundgrube" Nr. 16, Patmos 83. Dieser Text ist auch als Meditations-Tonbild erhältlich bei Impuls-Studio, Ottweiler Str. 3, 8000 München 83, „Die letzten sieben Tage", Laufzeit 8 Minuten, 52,– DM.

- Bemühe ich mich, eine Nummer kleiner zu leben?:

Spare ich Energie – nicht weil ich es mir nicht leisten könnte, sondern mit Rücksicht auf die kommenden Generationen? Welche Besorgungen kann ich zu Fuß oder mit dem Fahrrad erledigen? Was kann ich seltener waschen, um etwas weniger den Boden und das Wasser mit Waschmitteln zu verseuchen? (Auto, Hemden...) Kaufe ich übertrieben modische Sachen, die nur eine Saison halten? Kann ich die Zahl meiner Spraydosen nicht erheblich reduzieren? Spritze ich zu viel Gift in den Garten? Gehe ich mit Papier sparsam um? Verbrauche ich weniger Fleisch? Wie oft werfe ich Brot fort? (Hunderttausend Butterbrote werden täglich auf den Schulhöfen fortgeworfen!) Genügt bei den kalten Büffets auf Festlichkeiten nicht auch die Hälfte? Friere ich Reste ein – wobei *alle* bereit sind, sie nachher zu essen? Kann ich die Heizung nicht niedriger stellen und dafür mehr Pullover anziehen? Werfe ich Müll fort, der den Erdboden gefährdet, z.B. Batterien, Arzneimittel, Glas? Bin ich zu bequem, den nächsten Papierkorb zu suchen? Arbeite ich, um zu leben – oder lebe ich, um zu arbeiten?

2. BILDBETRACHTUNG, DIE ZUM „INNEREN UMWELTSCHUTZ" ÜBERLEITET

Nehmen Sie bitte das Bild zur Hand. Mit dieser Zeichnung wollte der Künstler Roland Peter Litzenburger nicht oberflächlich ein großes Fischsterben im Bodensee aufzeigen, um einen Beitrag gegen die Umweltverschmutzung zu liefern. Er sieht weiter: in der leidenden Schöpfung erkennt er das Leiden des Schöpfers selbst. Litzenburger muß an den denken, der auch einmal nach Luft rang und mit letzter Kraft schrie: „Mich dürstet!" In Jesus von Nazareth – unter dem rechten Arm ist sein Kopf angedeutet – lebt der Schöpfer mitten in der Schöpfung. In Jesus ist diese verseuchte Erde nicht mehr gottverlassen. Diese gestörte und zerstörte Schöpfung bleibt damit beim Schöpfer. Gottes Schmerz ist unsere Chance.

Es ist also unwichtig, ob dieses Bild einen gekreuzigten Fisch darstellt oder ob es der Gekreuzigte als Fisch ist. Ein Maler sieht alles zusammen: zwischen dem verdurstenden Jesus auf Golgota und den sterbenden Fischen im Bodensee werden zweitausend Jahre ausradiert. Diese Zeichnung mit dem sterbenden Fisch, mit dem schreienden Schöpfer wagt eine neue Beziehung zur Schöpfung, wie sie schon Franziskus versuchte: Die Sonne wird zur Schwester, der Mond zum Bruder, Wasser und Feuer sind unsere Geschwister, nur auf einer ganz anderen Ebene, wie z. B. das Wasser bei der Taufe sagen will: Gott ist darin nahe, er wirkt weiter in der Welt, in unserer Umwelt. So wie auch Brot und Wein auf dem Altar zu sakramentalen göttlichen Zeichen werden.
Das Wort „Umweltverschmutzung" ist fast eine Lüge, denn dieses Wort erlaubt uns Abstand. In Wirklichkeit sind doch unser Reden und Denken, unser Handeln und Empfinden verschmutzt. Die Brunnen unserer Kräfte in der Tiefe unserer Person sind vergiftet: Denn anstatt die Erde zu bewahren, lassen wir sie ver-wahr-losen. Anstatt das Land zu bebauen, haben wir es ver-baut. Anstatt alles zu tun, um Leben zu ermöglichen, haben wir uns an das Sterben der Natur, der Tiere und der Menschen gewöhnt. Wir spielen uns als Herren der Schöpfung auf. Wir erkennen den wirklichen Schöpfer nicht mehr an. Das wird uns langsam das Rückgrat brechen. Nicht Umweltprogramme helfen entscheidend, unser Umdenken ist wichtig.

(Sehr verkürzt und verändert nach Fritz Gaiser, Der Schrei um die Schöpfung, S. 105f, in: Günter Biemer/Rainer Ruß, Wenn das Antlitz sich verbirgt..., Verlag Kath. Bibelwerk Stuttgart 1975.)

Wir brauchen wieder die reinen Wasser einer Lehre; Wasser, die unsere inneren Verschmutzungen und Vergiftungen wegspülen. Wer sonst sollte uns dieses Wasser reichen als Jesus selbst? So hören wir im

Evangelium

Joh 4, 5–15: Vom wirklichen Wasser des Lebens

Meditationsmusik

Text

I: Herr, mich dürstet nach reinem Wasser, weil meine innere Vergiftung, meine Laschheit und Verwirrung immer mehr zunehmen. Mich dürstet nach freiem Himmel, weil die Atmosphäre um mich herum immer düsterer und beängstigender wird.

II: Herr, mich dürstet nach einem Lichtblick, weil ich noch immer blinder, abhängiger und orientierungsloser werde. Mich dürstet nach innerer Ausgeglichenheit, weil ich manchmal innerlich kaputtgehe an mir selbst, meiner Familie, meinen Freunden.

I: Herr, mich dürstet nach Liebe und Geborgenheit, damit ich nicht noch liebloser und gefühlloser werde. Mich dürstet nach Friede, weil die Ungerechtigkeiten in der Welt zunehmen.

II: Herr, mich dürstet nach Engagement, weil diese perfektionierte Welt mich innerlich aushöhlt.

I: Ich glaube, eine wirkliche Lösung kommt nicht durch Umweltprogramme, Vergnügungszentren und Diskussionen. Ich glaube: wirkliche Rettung kommt nur durch dich und den Geist deines Sohnes.

II: Herr, bewahre mich davor, daß es mich nicht mehr dürstet; denn dann bin ich innerlich schon gestorben.

Stille

Oder: Lothar Zenetti, Texte der Zuversicht, München 1979[4], S. 209f: In dieser großen Stadt aus Blech und Betrug werden gesucht Gerechte. Fünfzig, heißt es, Männer, Frauen, Kinder, Greise! Fünfzig, die noch atmen, noch Menschen sind zwischen Matratzen und Müll und Abgas, die noch nicht Gummi geworden und Gebrüll und Waschpulver, die noch leben, noch lachen, noch beten, unter der Dunstglocke noch Augen haben... (nach Gen 18,20–32)

Oder: Peter Spangenberg in „Der Stein der tanzenden Fische", GTB Siebenstern 205, Gütersloh 1976, S. 87f: Noch ist es Zeit! Meine Enkel werden in Müllhaufen spielen, meine Enkel werden in Müllhaufen wühlen, in Kunststoff und Chrom, das wird ihr Dom, wo sie die Vergangenheit anbeten und die Zukunft zertreten...

• Habe ich Umgang mit Bekannten, die mich mit ihrem Unglauben oder Zweifel anstecken? Oder kann ich sie mit meinem Glauben und meinen Überlegungen positiv „in Brand stecken"? Bilde ich mich im Glauben durch Gespräche und Bücher weiter? Oder lese ich Illustrierte und Schriften, die meinen Glauben regelmäßig heruntermachen und gefährden? Habe ich mich wenigstens in einer kleinen Sache über meine Familie hinaus engagiert, auch wenn meine Aktivität vielleicht nur ein Freudentropfen im Meer der Traurigkeit und der Ungerechtigkeit ist? Schaue ich in die richtige Richtung, nämlich, daß ich mein eigenes Glück nur mit anderen erlangen kann?

Meditationsmusik

Schuldbekenntnis – Vergebungsbitte – Friedensgruß – Bitten – Dankpsalm: siehe Anhang 2–4

Vaterunser

I: Vater unser im Himmel!

II: Wann können wir sprechen: Unser Vater auf Erden? Denn noch zerstören Ausbeuter und Gewissenlose die Erde.

I: Geheiligt werde dein Name.

II: Wann wirst du uns wieder heilig sein? Denn noch heiligen wir zu sehr den Wohlstand, das Wachstum und den Erfolg.

I: Dein Reich komme.

II: Es kommt eher durch das Keimen des Senfkorns als durch das Zertrümmern der Atome. Es kommt eher durch Verzeihen als durch Fäuste und laute Propaganda.

I: Dein Wille geschehe wie im Himmel so auf Erden.

II: Wann begreifen wir deinen Willen? Denn zu oft macht uns die Macht des Bösen zu schaffen in selbstverschuldeten Katastrophen, Unglücksfällen und geheimnisvollen Krankheiten.

I: Unser tägliches Brot gib uns heute.

II: Wann sind *alle* glücklich und zufrieden? Denn noch werden zu sehr die Ärmsten der Armen vergessen; verzweifeln Suchende am inneren Hunger und fehlt uns der Mut zu einem einfacheren Lebensstil.

I: Vergib uns unsere Schuld, wie auch wir vergeben unseren Schuldigern.

II: Kannst du uns verzeihen, was wir aus deiner Schöpfung gemacht haben? Weil du uns freisprichst, können wir auch andere befreien.

I: Und führe uns nicht in Versuchung.

II: Bewahre uns vor den resignierenden Sprüchen: „Es hat doch keinen Sinn!", „Gutheit ist Dummheit!", „Gewalt und Ausbeutung sind doch stärker!".

I: Sondern erlöse uns von dem Bösen.

II: Ja, Herr, gib, daß wir uns wieder demütiger verneigen vor dir, unserem Schöpfer und Herrn. Und mach uns frei von Lüge und Angst, Vorurteilen und Selbstzerstörung, Mißverständnissen und Zweifeln.

I: Denn dein ist das Reich und die Kraft und die Herrlichkeit in Ewigkeit. Amen.

II: Wann können wir sprechen: „Wir sehen in so vielem Dunkel dein Licht und eine neue Schöpfung"?

Entlaßgruß

Nehmen Sie die Postkarte mit nach Hause. Wenn Ihr Blick darauf fällt, soll sie unsere Verantwortung wachrufen: daß wir diese Welt nicht weiter zerstören und daß andere in unserer Nähe ein wenig aufatmen dürfen.

Schlußlied

17 A Heiligmäßige Menschen sind wie Blumen im Eis

(Bußfeier mit der Postkarte: Blume im Schnee)

Vorbemerkungen
1. Die Heiligen sind wieder im Kommen. Wir suchen wieder Leitbilder.
2. Sie werden hier Gewissenserforschungen vermissen. Ich bin der Meinung, wenn ein oder zwei Lebensbeschreibungen heiligmäßiger Menschen langsam und meditativ vorgelesen werden, fallen uns beim Anhören dieser Zielvorstellungen unsere Unterlassungen *ein. Sollten Sie anderer Meinung sein, ist es nicht schwer, Gewissensfragen anzufügen.*
3. Vgl. auch die Lebensbilder von Heiligen, die mehr für Kinder gefaßt sind: *S. 125ff.*

Vorbereitung
Jeder Teilnehmer erhält die abgebildete Postkarte. Zu bestellen beim Buch-Kunstverlag, 82488 Ettal; Nr. 7273 Zwergiris (Originalkarte ist farbig).

Lied – Persönliche Begrüßung
Darin: Das Bild in ihren Händen zeigt eine Blume, die mitten in Eis und Schnee blüht. Sie ist Symbol für Menschen, für heiligmäßige Menschen. Denn sie versuchten, die oft eisige Atmosphäre von Gleichgültigkeit und Haß aufzutauen. Dazu hören wir eine Geschichte:

Das Märchen vom Veilchen am Nordpol
Alle sind erstaunt: Ein Veilchen, das vor Frost zittert, durchdringt mutig mit seinem süßen Duft die eisige Luft, die es umweht. In der Nacht erbebt darum der ganze Pol, und das ewige Eis erzittert und bricht an manchen Stellen wie Glas. Und das Veilchen duftet, als wolle es die unendliche Eiswüste

auftauen. Als es schließlich an Überanstrengung stirbt, denkt es: „Es mußte doch irgend jemand mit Duften anfangen! Eines Tages werden Millionen Veilchen hier blühen: Das Eis wird auftauen. Es wird hier Inseln geben und Häuser und Kinder..."
(stark gekürzt nach Gianni Rodari)

Oder **Hinführung**
Manchmal werden beim Renovieren alter Kirchen Figuren oder Malereien von unschätzbarem Wert entdeckt. So muß man *heute* Heilige entdecken: Ein gutes Auge ist nötig und das Fingerspitzengefühl, den Staub und die Farbschichten der Jahrhunderte (= allzu fromme Legenden) abzutragen. Dann entdecken wir Menschen mit Fleisch und Blut, die zeigen, was die Liebe zu Gott und den Menschen vermag. Diese Heiligen waren „ver-rückt" nach Jesus – wie wir Normale von Verliebten sagen, „die sind verrückt". Aber wir sind viel zu normal!

Oder **Hinführung:** siehe Anhang 1, Nr. 1, 2, 9, 12, 14, 16, 18, 19, 30, 33, 34, 62

Gebet
Herr, die Heiligen wagten, was keiner wagt; sie sagten heraus, was keiner sagt; sie führten aus, was keiner anfängt; sie wagten zu glauben, wo alle zweifeln. Sie machten Licht, wo alles dunkel war; sie wagten zu schenken, wo alle geizen. Laß auch uns jetzt auf dein Kreuz schauen, das alles durchkreuzen kann. Darum bitten wir...
(frei nach Zenetti)

Oder **Gebet**
Barmherziger Gott. Wir stehen vor dir mit leeren Händen. Sie sind leer, weil wir gesündigt haben durch Unterlassen des Guten. Laß uns jetzt hören auf das, was Dein Heiliger Geist uns in der Lebensgeschichte anderer Menschen sagen will. Das erbitten wir durch Christus, unseren Herrn.

Lebensbilder von heiligmäßigen Menschen – als Gewissenserforschung
(Bitte höchstens zwei Lebensbilder auswählen!)

1. DAS GENIE DER NÄCHSTENLIEBE – VINZENZ VON PAUL (1581–1660)
1. Spr.: Der Vater muß zwei Ochsen verkaufen, um seinem Sohn Vinzenz von Paul das Theologiestudium zu ermöglichen. Aber er rechnet damit, daß er einmal die ganze Familie unterstützen kann, wenn er in einer finanziell gut ausgestatteten Pfarre angestellt wird.

2. Spr.: Und der Franzose Vinzenz sucht die Karriere. Er findet schnell Kontakt zu höher gestellten Familien. Mit neunzehn Jahren wird er bereits zum Priester geweiht. Mit dreißig Jahren aber trifft ihn Gottes Gnade: Er begegnet dem Priester Berulle, einem der wenigen frommen Männer des damaligen französischen Klerus.

1. Spr.: Jetzt brennt sein Herz für die seelisch verwahrloste Landbevölkerung, die von ihren Priestern im Stich gelassen wird. Er wird zum Vater der Findelkinder („den Kindern der Sünde", wie die vornehmen Damen sagten; rund 300–400 wurden damals jährlich in Paris und Umgebung ausgesetzt). Er nimmt sich der Bettler an, der Kranken, Armen und Alten und der Waisen: Sie werden z. T. an Bettler verkauft, die sie verunstalten, um damit Mitleid zu erregen und Geld zu erpressen.

2. Spr.: Vinzenz übt Caritas an den Galeerensklaven. Sie sind auf rund dreißig Ruderbänken eines Schiffes mit je fünf bis sechs Ruderknechten festgekettet. Die Sträflinge waren vorher in feuchten, lichtlosen, stinkigen Verliesen mit Ketten und Halsringen gefesselt. Sie konnten sich weder hinlegen, noch setzen, noch gerade halten. Auch wenn sie krank wurden, blieben sie später auf den Galeeren angekettet, wo sie, von Würmern zerfressen, regelrecht langsam verfaulten. Vinzenz v. Paul setzt alle Hebel in Bewegung, damit ihr Schicksal gelindert wird.

1. Spr.: Dreißigtausend Briefe hat der Heilige geschrieben, um die vielfältige Not zu wenden. Wenn er als Verpfleger ganzer Provinzen in Kriegs-, Pest- und Hungersnöten auftrat, nutzte er seine Verbindungen zu den höchsten Kreisen. Aber allein konnte er diese Arbeit nicht leisten: Er gründete überall Caritasvereine, dazu die Gemeinschaft der Barmherzigen Schwestern und Missionspriester (Vinzentiner). Heute gibt es rund 750.000 Laien, die seine Werke in 120 Ländern der Erde weiterführen; allein 50.000 Barmherzige Schwestern dienen den Armen, davon etwa achttausend in Gesamtdeutschland.

2. Spr.: Bei aller Organisation ging es Vinzenz von Paul aber um den einzelnen. Einer seiner Grundsätze: „Alles muß aus Liebe geschehen – als wenn wir es mit Christus zu tun hätten!" Er schreibt: Wenn es einmal vorkam, daß ich mit den Sträflingen ohne innere Teilnahme sprach, verdarb ich alles. Wenn ich dagegen ihre Ergebung lobte, ihre Leiden mitbeklagte, wenn ich ihnen erklärte, wie das Leiden uns schon in dieser Welt läutert, wenn ich ihre Ketten küßte, ihre Schmerzen mitlitt und Kummer für ihr Unglück bewies, dann erst hörten sie mich an, dann schauten sie auf Gott und nahmen das Heil an." – Daher sagten die Armen bei seinem Tod im Jahre 1660: „Wir haben unseren Vater verloren."

1. Spr.: Das Wort „dienen" wurde bei Vinzenz von Paul, der 83 Jahre alt wurde, ganz groß geschrieben. Er sagte immer wieder: „Die Armen sind eure

Herren und Meister!" Er weist z. B. eine junge Schwester Johanna mit folgenden Worten in ihre Arbeit ein: „Es ist nicht alles damit getan, daß du Suppe und Brot gibst. Das können auch die Reichen tun. Du bist die kleine Dienerin der Armen, immer lächelnd und gut aufgelegt. Die Armen sind die Herren; schreckliche, reizbare anspruchsvolle Herren, du wirst sehen. Je häßlicher und gröber sie sind, um so mehr mußt du ihnen von deiner Liebe geben. Nur wegen deiner Liebe, wegen deiner Liebe ganz allein, verzeihen dir die Armen das Brot, das du ihnen gibst."
2. Spr.: Haben wir richtig hingehört? Vinzenz ist sich bewußt, daß die Besitzlosen ein Recht auf unsere Hilfe haben. Ja, sie haben ein Recht auf unser Teilen, nicht auf das gnädige Überlassen einiger Almosen. Vinzenz behauptet: „Wenn wir uns zum Essen niedersetzen, sollten wir uns immer fragen: Habe ich die Mahlzeit wirklich verdient, die ich jetzt genieße? Verdienen wir das Brot, das wir letztlich der Arbeit der Armen verdanken?"

Stille

1. Spr.: Damals wie heute galten Begriffe wie Macht, Stärke, Gewalt sehr viel. Durch den hl. Vinzenz bekamen andere Begriffe wieder mehr Gewicht: Wohlwollen, Güte, Mitleid, Erbarmen, Zärtlichkeit, Demut, Respekt.
2. Spr.: Wenn Vinzenz von Paul, der 1737 heiliggesprochen wurde, heute lebte, würde er sich um die Süchtigen kümmern, um die Tippelbrüder, die Strafentlassenen, die jungen Arbeitslosen; um die Mädchen und Frauen, die sich zur Abtreibung entschließen; um die Kinder, die ohne Liebe und Familie aufwachsen; um Kranke; um einsame und alte Menschen in den Heimen.
Christus wird uns fragen: Habt ihr mich in den geringsten Brüdern und Schwestern geliebt?

Meditationsmusik

Lesung
Jak 2,14–17: Der Glaube muß Taten zeigen

2. DER HEILIGE DOKTOR VON MOSKAU

(1780–1853; nicht heilig gesprochen)
1. Spr.: Im Jahre 1853 folgen in Moskau zwanzigtausend Menschen, meist Angehörige von Gefangenen und geheilte Kranke, dem Sarg eines deutschen Augenarztes. Schon zu Lebzeiten hatten die Menschen sich zugeflüstert: „Das ist ein Heiliger!" Was in seinem Leben hatte die Menschen überzeugt und angerührt?

2. Spr.: 1780 wird Friedrich Joseph Haass in Münstereifel geboren. Wenn er als Junge vom Gymnasium nach Hause lief, konnte er an einem Haus die Inschrift lesen: „Wer nicht hört die Stimmen der Armen – und sich ihr tut nicht erbarmen – den erhört auch Gott nicht – wenn er kommt vor sein Gericht!" – Im Alter von 26 Jahren geht er als Arzt nach Moskau. Zwanzig Jahre später ist er ein gefeierter Arzt und reich.
1. Spr.: Die Wende in seinem Leben erfährt er mit 47 Jahren. Er wird Direktor des Moskauer Gefängniswesens und Chefarzt aller Gefängnisspitäler. Jetzt widmet er sich nur noch den Ärmsten der Armen, den Gefangenen, Gefolterten, den nach Sibirien Verbannten, den Leibeigenen, den verfolgten und verschleppten Polen. Was er nicht bei den vorgesetzten Behörden erreichen kann, bezahlt er aus seinem eigenen Vermögen oder mit dem Geld seiner zum Teil wohlhabenden Freunde. Bei seinem Tod besitzt er nur noch einen abgetragenen Anzug, ein Teleskop und eine Bibel.
2. Spr.: Es ist kaum alles aufzuzählen, was er für die Ärmsten erkämpfte: Das Gewicht der Fußketten der Verbannten wird um die Hälfte verringert; behinderte und schwache Gefangene werden davon befreit; die Hand- und Fußfesseln dürfen innen mit Leder ausgeschlagen werden; die Verbannten werden vom „Prut" befreit, einem Eisenstab von einem Meter Länge, an dem zehn Menschen auf dem Marsch nach Sibirien festgekettet waren – die auch einen Halbtoten mitschleifen mußten. Dr. Haass behandelt alle Armen kostenlos, kauft 74 Leibeigene los. Er läßt ein Gefangenenspital bauen, in dem kranke Verbannte erst wieder gesund gepflegt werden dürfen.
1. Spr.: In den letzten fünfundzwanzig Jahren seines Lebens gehen rund zweihunderttausend Strafgefangene durch seine Hände. Etwa vierundsiebzigtausend Menschen hat er allein in den Gefängnisspitälern geholfen. Er war der Albert Schweitzer seiner Zeit. Mehr noch: In den Gefängnissen herrschten grauenhafte Zustände: Wer hier nur ganz kurze Zeit eingesperrt wurde, war für sein Leben körperlich und sittlich zugrundegerichtet. Unter Dr. Haass ist kaum jemand dort gestorben, der nicht mit seinem Gott versöhnt gewesen wäre. Für die Verbannten gab es in einer kleinen Tasche am Hals eine Bibel, eine kleine religiös-moralische Schrift, Brot, Früchte und ein paar Kopeken. Er war also auch Arzt für die Seelen.
2. Spr.: Dr. Haass schrieb einmal: „Zwischen Verbrechen, Unglück und Krankheit besteht ein so enger Zusammenhang, daß es wirklich schwer ist, eines vom andern zu trennen!" Er wußte, selbst „in einem vom Bösen besetzten Herz hält sich ein Brückenkopf des Guten" (Solschenizyn). Aus der Botschaft Christi heraus konnte er immer an das Gute im Menschen glauben. Als in einer Sitzung ein Redner meinte: „Ein Mensch, der bestraft wird, muß auch schuldig sein!" sprang Dr. Haass auf und rief in den Saal: „Sie haben Christus vergessen!"

1. Spr.: Eine andere Szene soll uns den heiligen Doktor von Moskau, der von der katholischen Kirche bisher nicht heilig oder selig gesprochen ist, vor Augen stellen: Das Gesicht eines krebskranken Mädchens war schon halb zerfressen. Selbst die Mutter konnte es nicht lange bei ihrem Kind aushalten. Dr. Haass hielt sich bei ihm mehr als drei Stunden auf, setzte sich auf sein Bett, umarmte, küßte und segnete es. Diese Besuche wiederholte er an den folgenden zwei Tagen; am dritten starb das Mädchen.
2. Spr.: Auf dem Grab des Arztes liegt vor dem Kreuz ein großer Granitblock, auf dem die Losung von Dr. Haass in Stein gemeißelt zu lesen ist: „Beeilt euch, Gutes zu tun!"
1. Spr.: Ja, Herr, laß uns in dem Ärmsten der Armen unserer Tage dein Angesicht erkennen. Laß uns Ausschau halten nach den „Brückenköpfen des Guten" im Mitmenschen, im Konkurrenten, in dem Menschen anderer Nationen und anderer politischer Systeme.

Meditationsmusik

Lesung
Mt 19,16–21 (Wenn du vollkommen sein willst, verkaufe alles...)

3. EIN VATER VIELER KINDER – JANUSZ KORCZAK (1878–1942)
1. Spr.: Mit 35 Jahren wechselt der jüdische Arzt Korczak seinen Beruf. Er wird Waisenhausdirektor in Warschau. Er ist sehr vielseitig: Nervenarzt, Schriftsteller, Erzieher, Spaßmacher, Geschichtenerzähler beim Rundfunk.
2. Spr.: Zwei Jahrzehnte bemüht er sich aufopferungsvoll und vor allem vorurteilsfrei um jedes Waisenkind. In seinen Büchern ist er federführend in Sachen Heimerziehung. Die Begriffe: Selbstverwaltung, Hausgerichtsbarkeit, Heimzeitung – sie alle entspringen seinen Überlegungen und Versuchen. Dann kommt das furchtbare Ende.
1. Spr.: Janusz Korczak ist genau 62 Jahre alt, als die Nazimachthaber im Jahre 1940 sämtliche Juden Warschaus in ein Getto sperren. 1941 verhungerten, verdursteten und erfroren über vierundvierzigtausend Juden im Warschauer Getto, aber das war den Henkern nicht genug. Die sogenannten „Umsiedleraktionen" wurden für etwa vierhunderttausend Menschen befohlen, die in den Gasöfen des KZ Treblinca endeten.
2. Spr.: Auch das Waisenhaus mit zweihundert Kindern wurde ins „kleine Getto" verlegt. Janusz Korczak kämpfte mit allen Mitteln darum, daß seine Jungen und Mädchen nicht verhungerten. Sein Einsatz ging bis zum Letzten. So wird berichtet:

1. Spr.: Ein Lastwagen mit Kartoffeln, bestimmt für das Waisenhaus, wurde von den Deutschen beschlagnahmt. Dr. Korczak marschierte zum Gestapo-Quartier und forderte die Herausgabe. Aber er wurde verprügelt und ins Gefängnis gesperrt. Für dreitausend Zlotys kauften ihn drei ehemalige Zöglinge dort los. Als kranker Mann kehrte er zurück.
2. Spr.: Im August 1942 kommt der Befehl, daß auch die Waisenhauskinder – wie die SS-Leute hämisch sagen – in das Land von Milch und Honig geführt werden sollen. Dr. Korczak soll den Kindern etwas davon erzählen, damit sie beruhigt sind und beim Abtransport kein Kindergeschrei entsteht. Nur kein Aufsehen! Gegenleistung: Ihm wird die Garantie gegeben, daß er dann am Leben bleibt. Drei Stunden haben die Kinder Zeit, sich reisefertig zu machen.
1. Spr.: Dr. Korczak schickt noch schnell alle Schwestern fort. Dann zieht er an der Spitze der Jungen und Mädchen los – schließlich bis Treblinca, wo er zusammen mit den Waisenkindern in einem Brauseraum durch tödliches Zyangas umkommt.

Stille

2. Spr.: Dr. Korczak, ein frommer Mann, der mit Juden- und Christenkindern gebetet hat, schreibt in seinen Büchern: „Es ist ein Fehler, Unrecht zu vergeben, bevor der Wille, neues Unrecht zu begehen, gestorben ist." – „Es ist ein Fehler, sich im Kampf mit der Schlange des Bösen (der Hydra) zu ergeben!"
1. Spr.: Eine der letzten Eintragungen in seinem Tagebuch lautet: „Ich wünsche keinem Menschen etwas Böses. Ich kann das nicht. Ich weiß nicht einmal, wie man das macht."

Meditationsmusik

Lesung
Joh 15, 9–14: Das ist mein Gebot: Liebt einander!

4. EDITH STEIN (1891–1942)
1. Spr.: Vierhundert Ordensschwestern fielen dem Terror des Naziregimes zum Opfer, darunter die Jüdin Edith Stein. Sie trat 1933 in den Orden der Unbeschuhten Karmelitinnen zu Köln ein.
2. Spr.: Sie wurde als jüngstes von elf Kindern 1891 in Breslau geboren. Sie war selbstbewußt, geistreich und spritzig. Sie spielte Schach und Tennis, ruderte, tanzte und ging leidenschaftlich gern in Konzerte und Theater.

1. Spr.: Hochbegabt studierte sie Geschichte, Psychologie und vor allem Philosophie. Mit ihren Vorträgen begeisterte sie später die intellektuellen Kreise Deutschlands. Sie trat für die Gleichberechtigung der Frau ein. Sie sagte: „Es gibt keinen Beruf, der nicht auch von einer Frau ausgeübt werden könnte!" Das alles war für die damalige Zeit revolutionär.
In ihrem Wirken wird sie eine der bedeutendsten Frauen dieses Jahrhunderts: als Jüdin und Christin, als Wissenschaftlerin und berufstätige Frau, als große Ordensfrau und als Opfer der Gewalt.
2. Spr.: Edith Stein ist jahrelang auf der Suche nach dem richtigen Glauben. Im Alter zwischen vierzehn und einundzwanzig Jahren sagt sie: „Ich glaube nicht mehr an Gott. Ich habe mir das Beten ganz bewußt und aus freiem Entschluß abgewöhnt." Erst die Lektüre der Selbstbiographie der heiligen Theresa von Avila gibt ihr Klarheit. Mit einunddreißig Jahren tritt sie durch die Taufe in die katholische Kirche ein. Noch gut zehn Jahre nimmt sie Rücksicht auf ihre Mutter und geht erst mit zweiundvierzig Jahren in die Armut, Strenge und Einsamkeit eines Karmelklosters.
1. Spr.: Ihre Übersiedlung 1938 in einen holländischen Karmel kann sie nicht vor den Häschern Hitlers retten. Zusammen mit ihrer leiblichen Schwester erstickt sie als Gefangene Nr. 44.074 in einer Gaskammer von Auschwitz am 9.8.1942.
2. Spr.: Ihr letztes Buch „Nachfolge des Kreuzes" blieb unvollendet. Sie schrieb es mit ihrem Leben zu Ende. Auf dem Weg ins KZ notierte sie auf einem Fetzen Papier, der erhalten blieb: „Ich bin mit allem zufrieden. Die Weisheit des Kreuzes kann man nur gewinnen, wenn man das Kreuz gründlich zu spüren bekommt. Ich sage von ganzem Herzen: ‚Sei gegrüßt, Kreuz, einzige Hoffnung!'"
1. Spr.: Ähnlich belehrte Franziskus einmal seine Begleiter bei Frost und Regen: „Nur im Kreuz ist vollkommene Freude zu finden. Schreibe es auf, Bruder Leo, schreibe es auf!"
2. Spr.: Als Edith Stein das Leben der großen Theresa las, rief sie aus: „Das ist die Wahrheit!" Denn sie hatte folgendes erkannt:
1. Spr.: Ich muß mich ganz Gott überlassen, bis ich von IHM so durchdrungen bin wie ein Glasfenster in der Sonne. Ich muß ganz Gott Platz machen, dann kann er mein Tun vollenden. Sein Licht muß ich in meine menschlichen Sehnsüchte und Wünsche hineinholen! —
2. Spr.: Darum ihr Eintritt in den Karmel: Sie bot sich Gott als Geschenk für das Wohl ihres jüdischen Volkes an. Darum auch ihr Opfergang nach Auschwitz als Sühne für Verfolgte und Verfolger.
1. Spr.: So steht auf der Gedenktafel in der Krypta des Kölner Karmels: „Sie starb als Märtyrerin für ihr Volk und ihren Glauben."

Meditationsmusik

2. Spr.: In einem Gedicht hat Edith Stein ihr Leben und Denken zusammengefaßt:

Herr, laß geschehen, was du willst,
ich bin bereit, auch wenn du nie
mein Sehnen stillst in dieser Zeit.
Bist ja der Herr der Zeit, das Wann ist dein,
dein ewiges Jetzt, einst wird es mein.

1. Mach alles wahr, wie du es planst in deinem Rat.
Wenn still du dann zum Opfer mahnst, hilf auch zur Tat.
Laß übersehn mich ganz mein kleines Ich,
daß ich, mir selber tot, nur leb' für dich.

2. Laß uns nicht richten, daß wir nicht gerichtet werden!
Uns alle trügt der Dinge äußrer Schein.
Wir sehen Rätselbilder hier auf Erden,
der Schöpfer einzig kennt das wahre Sein.

Stille

Lesung
Lk 14,25ff: Vom Ernst der Nachfolge

5. JOHANNES MARIA VIANNEY = PFARRER VON ARS (1786–1859)

1. Spr.: Es gibt Geheimnisse in Gottes Welt, die sind mit dem Kopf nicht zu begreifen. Gott kann auf krummen Zeilen gerade schreiben.

2. Spr.: Ein solches unergründliches Geheimnis ist der Pfarrer von Ars. Ehemals war er ein kleiner unwissender Bauernknecht, der im Stall schlief. Da seine Kindheit in die französische Revolution fiel und es keinen Unterricht gab, konnte er kaum lesen. Er war aber auch nicht sehr begabt und konnte fast nichts behalten. Er ging im geheimen zum Katechismusunterricht und zur Kommunion.

1. Spr.: Aus diesem auch als Priester lächerlich unbeholfenen, linkischen und ungehobelten Mann machte Gott nach vielfältigen Prüfungen einen Seher und Wundertäter.

2. Spr.: Von seinem Gesicht ging keine Wirkung aus: Es sah namenlos traurig aus. Er unterschrieb seine Briefe mit „Vianney, armer, elender Priester".

1. Spr.: Dieser Mann ohne jede Bildung, dieser Tor in Christus, der seinen freigeistigen Zeitgenossen ein richtiges Ärgernis war, entfaltete eine segensreiche Tätigkeit.

2. Spr.: 1925 machte Papst Pius XI. ihn zum Patron aller Pfarrer und Seelsorger. Der einzige Pfarrer, der bisher heiliggesprochen ist. – Was war geschehen?
1. Spr.: Als Johannes Maria Vianney 1818 Pfarrer von Ars wurde, war dieses Dorf entchristlicht. Einer seiner besten Vorgänger dort behauptete fünfzehn Jahre früher: „Die Bewohner haben außer der Taufe nichts, was sie von Tieren unterscheidet." Wie es ja auch heute zu viele „getaufte Heiden" unter den Christen gibt; sonst ginge mehr Wirkung von uns aus!
2. Spr.: Viermal versuchte er in den einundvierzig Jahren seiner Tätigkeit, der Gemeinde zu entfliehen, um in einem beschaulichen Kloster ganz dem Gebet und der Betrachtung zu leben. Jedesmal holte ihn die Gemeinde zurück – später, als jährlich Hunderttausende nach Ars pilgerten – auch aus wirtschaftlichen Gründen.
1. Spr.: Er lebte in einem gespannten Verhältnis zu seinen Mitbrüdern, unter denen er sich wie ein Dorftrottel ausnahm. Er wurde von ihnen beim Bischof angezeigt. Auch Neid spielte mit, zogen doch viele Familien um des seelsorglichen Rates willen sogar nach Ars.
2. Spr.: Das ist sein Geheimnis: In zwölf Jahren Buße und Sühne änderte er das Dorf von innen her. Er lebte arm und bedürfnislos, fand kaum Schlaf und Nahrung. Er fastete übermäßig, um für das Böse zu sühnen, das ihm im Beichtstuhl begegnete.
1. Spr.: Vianney pflegte zu sagen: „Ich gebe den Sündern eine kleine Buße auf und leiste den Rest an ihrer Stelle!" Diesen Weg der Stellvertretung ging er unter Tränen und Qualen bis ins Menschenunmögliche, bis in Bereiche hinein, wo wir Aufgeklärte nur den Kopf schütteln.
2. Spr.: So schienen die dämonischen Kräfte der Hölle gegen sein segensreiches Wirken aufgebracht zu sein: Nachts schwoll der unsichtbare Lärm im Pfarrhaus zeitweise zum Höllenspektakel an, so daß Pfarrangehörige dort mit geschultertem Gewehr Wache standen.
1. Spr.: Als 1832 eine Choleraepidemie in ganz Frankreich wütete und nur das Dorf Ars verschont blieb, wollten die Besucherströme nicht mehr abreißen. Vianney kam kaum noch aus dem Beichtstuhl heraus. Bis zu achtzehn Stunden täglich war er in dem engen Beichtstuhl „eingesperrt".
2. Spr.: Er, der selbst nie getröstet wurde, konnte Menschen in schwersten Gewissenskonflikten beraten und in einzigartiger Weise trösten.
1. Spr.: Er betrachtete die Sünden der Menschen mit den Augen Christi. Er besaß die Gabe der Herzensschau und des guten Rates. Darum wußte er so vieles, was an Hochschulen nicht gelehrt wird und in Büchern nicht zu lesen ist.
2. Spr.: Der Pfarrer von Ars aber war nicht in jeder Hinsicht weltfremd, unpraktisch, kontaktarm oder ein „Frömmler": 1824 gründete er in Ars eine

Volksschule für Mädchen und ein Waisenhaus. Außerdem richtete er Pfarrvereine für Männer und Frauen ein.
1. Spr.: 1859 starb Vianney im Alter von dreiundsiebzig Jahren ganz allein – an Erschöpfung.

Stille

2. Spr.: Das Leben des Pfarrers von Ars lehrt uns: Alles Wichtige muß erlitten und mit Gebet begleitet werden.
1. Spr.: Der Gedanke der Stellvertretung ist uns abhanden gekommen. Wir sollen sühnen und beten für andere. Wie Christus es tat.

Meditationsmusik
(Siehe auch eine Geschichte, die Vianneys Demut widerspiegelt: „Kurzgeschichten 2“, Nr. 118: Entschuldige, daß ich so dumm bin!)

Lesungen
1 Kor 1, 25–29 (Das Schwache in der Welt hat Gott erwählt, um das Starke zu beschämen.)
2 Kor 12, 7–10 (In der Schwachheit kommt Gottes Kraft zur Vollendung.)
Mt 11, 25–27 (Ich preise dich, Vater, weil... du es den Unmündigen offenbart hast.)

6. INTERVIEW MIT FRANZISKA SCHERVIER (1819–1876)
(mehr für Jugendliche; seliggesprochen)

R = Reporter, F = Franziska
R: Herzlichen Dank, daß Sie bereit sind, in die Rolle der Franziska Schervier zu schlüpfen. Wir möchten Sie näher kennenlernen. Sie lebten zwar im vorigen Jahrhundert, aber waren eine sehr selbständige Frau; wie man heute so sagt: eine emanzipierte Frau.
F: Ja. 1819 wurde ich in Aachen geboren. Ich war gerade dreizehn Jahre alt, als meine Mutter starb, und ich mußte den ganzen Haushalt machen. Das ließ mich schon früh sehr selbständig werden.
R: Ich hörte von Auseinandersetzungen mit Ihrem Vater?
F: Weil ich sehr viel betete und mich viel um Arme und Kranke kümmerte, befürchtete mein Vater, ich könnte auf den Gedanken kommen, ins Kloster zu gehen.
R: Womit er eigentlich ja recht behalten hat... Wie haben Sie sich denn dem Vater gegenüber verhalten?
F: Ich machte alles weiter – heimlich.

R: Mit heutigen Augen gesehen, haben Sie sich sehr streng und ernst für Gott und die Menschen eingesetzt. Hatten Sie dafür Vorbilder?

F: Mein Name „Franziska" weist schon darauf hin: Das Leben des heiligen Franz von Assisi stand mir immer vor Augen und vor allem das Vorbild des gekreuzigten Christus.

R: Darum haben Sie also die Frauen, die Ihnen folgten, „Die armen Schwestern vom heiligen Franziskus" genannt?

F: Richtig. Mit diesen Frauen versuchte ich ab 1845 die Wunden Christi heute zu heilen: Wir waren für alle Armen da, die kaum was zu essen hatten. Dafür errichteten und erweiterten wir überall „Suppenküchen". – Wir pflegten auch alle Armen, die an Seuchen, wie Pocken und Cholera, erkrankten. Wir betreuten die Inhaftierten in Aachen, die schwer verwundeten Soldaten; wir gingen zu den Armen und Alten in die Häuser; siebzehnmal begleitete ich zum Tode Verurteilte zum Schafott und stand ihnen bei.

R: Stimmt es, daß Sie sich einmal als Mann verkleideten, um aus einem Freudenhaus ein Mädchen herauszuschmuggeln?

F: Ja. Mut und Phantasie mußte ich oft beweisen. So hat mir beim Betteln für Arme einmal ein Bauer gesagt: „Du bekommst ein Schwein, wenn du es durch das Stadttor in die Stadt treibst!"

R: Und?

F: Natürlich habe ich das getan.

R: Kann man eigentlich so „mir nichts, dir nichts" eine neue kirchliche Gemeinschaft gründen? Gab es keine Schwierigkeiten?

F: Sechs Jahre später, also 1851 – ich war mittlerweile zweiunddreißig Jahre –, gab die Kirche ihren Segen. Acht Jahre später erkannte der Staat sie an. Ich habe mich aber immer gewehrt, meine Arbeit vom Staat kontrollieren zu lassen. Eher zog ich meine Schwestern zurück!

R: Ich habe gelesen: Sie selbst nahmen bis 1875 achthundertfünfzehn Schwestern auf. Es gab bei Ihrem Tod 1876 schon dreißig Niederlassungen, auch in Amerika. Das war doch erfreulich für Sie?

F: So würde ich das nicht sagen. Ein schweres Asthmaleiden setzte mir in den letzten Jahren meines Lebens schwer zu. Außerdem war ich ja nur Werkzeug in der Hand Gottes: Es ging darum, selbst arm zu werden, frei zu werden von Geld und Vermögen, um ganz frei zu werden für die Armen. Erst müssen wir uns beugen zu den Geringsten, um aufrichten zu können.

Meditationsmusik

R: Heute arbeiten Ihre Schwestern in Krankenhäusern, Altenheimen, Kindergärten und Kinderheimen. Nach welchem Motto?

F: Christus hat heute keine anderen Hände als die unseren.
R: Haben Sie eine Botschaft an die jungen Menschen, die sich hier eingefunden haben?
F: Ja. Ich verändere die Welt nur dort, wo ich zuerst mich verändere – nicht die anderen.
R: Noch eine letzte Frage: Ist der geringe Ordensnachwuchs nicht zurückzuführen auf ihre strengen Ordensregeln?
F: Nein. Nicht daran. Es liegt daran, daß die Erwachsenen zu wenig Zeugnis geben für unseren Glauben und kaum Begeisterung zeigen für die Nachfolge Christi.

Stille

Lesung
2 Kor 11, 22–29: Allen alles werden

Evangelium
Lk 17,11–19: Jesus und Außenseiter

7. INTERVIEW MIT ABBÉ PIERRE, PARIS
(mehr für Jugendliche)

R = Reporter, A = Abbé Pierre

R: Ich freue mich, einen lebenden Heiligen interviewen zu dürfen. Es ist der „Vater der Armen" von Paris, Abbé Pierre. Danke, daß Sie in seine Rolle schlüpfen wollen.
A: Der richtige Abbé Pierre würde jetzt sicher abwehrend zusammenzukken und rufen: „Ich bin kein Heiliger! Ich tue nur, was Jesus Christus uns aufgetragen hat: ‚Liebt die Menschen neben euch, besonders alle, die es am nötigsten haben!'"
R: Aber erinnern Sie sich daran, daß in den ersten Gemeinden der Christen sich alle Heilige nannten. Und von Ihnen kann ich ja auch sagen: „Seht – wie er die anderen liebt!"
A: Wir brauchen uns über diesen Punkt nicht lange zu streiten.
R: Ich darf den Weltpriester Pierre etwas genauer vorstellen: Der richtige „Vater der Armen" ist jetzt siebzig Jahre alt, hat fröhliche Augen wie ein Fünfzigjähriger und das Temperament eines Zwanzigjährigen. Er trägt in der Regel eine unauffällige Windjacke mit Reißverschluß und eine Baskenmütze. Im französischen Fernsehen sind Sie durch Ihre Teilnahme an Quizsendungen bekannt. Aber was hat Sie so weltbekannt gemacht?

A: Nach außen sah es wie ein Zufall aus, aber so scheint es oft zu sein, wenn man Gott in die Arme läuft. Es war im zweiten Weltkrieg: Eine Familie war obdachlos geworden, und ich nahm sie in meine kleine Wohnung auf. Das sprach sich herum. Bald zählte meine Bleibe achtzehn Bewohner. Langsam wurden es immer mehr, denen ich helfen mußte.

R: Aber erst rund zehn Jahre später sind Sie richtig bekannt geworden.

A: Ja, das war im bitterkalten Winter 1954. Es gab zahlreiche Obdachlose in Paris, die morgens unter den Brücken oder auf den Treppen erfroren aufgefunden wurden. Schließlich rüttelte ich über den Rundfunk das Gewissen meiner Mitbürger auf, und dann flossen die Spenden: Geld, Kohle, Kleider, ja Autos und Wohnungen wurden angeboten.

R: Heute hat die Baugesellschaft, die Sie gegründet haben und in der 180 Personen beschäftigt sind, rund achttausend Wohnungen in Paris gebaut. Ihr Wohnungsverband hat siebzigtausend Mitglieder, und es gibt rund zweihundert (Emmaus-) Gemeinschaften, die nach Ihrem Beispiel leben. Die erste dieser Gruppen entstand 1951. Was machen diese Gruppen?

A: Sie machen nichts Besonderes. Sie untersuchen die Mülleimer. Alles, was weggeworfen wird an Altmaterial oder Gerümpel wird sortiert und aufpoliert.

R: Welchen Personen helfen Sie?

A: Allen, die arm sind. Ich frage nicht danach, was für ein Mensch er ist, wie seine Notlage aussieht oder warum er jetzt sozial schwach ist.

R: Und wer ist in Ihren Augen arm?

A: Alle, denen eine der fünf Voraussetzungen für ein geordnetes Leben fehlt: Brot – Gesundheit – Wohnung – Arbeit – Wissen.

R: Haben Sie ein Rezept, wie Sie aus Trinkern Nichttrinker, aus Streunern oder Menschen ohne Schlüssel seßhafte Bürger machen?

A: Da muß man unterscheiden: Es gibt Menschen, die durch plötzliche Schicksalsschläge ins seelische oder materielle Unglück geraten sind, und es gibt welche, die für die Straße geboren sind oder sehr früh auf sie gestoßen wurden und nicht mehr davon loskönnen. Solange ein Mensch nicht gemein- oder selbstgefährlich wird, hat er das Recht, so zu leben, wie er ist.

R: Wen können Sie am ehesten zur Mitarbeit bewegen?

A: Erstaunt es Sie, wenn ich sage: Die Armen helfen am bereitwilligsten? Ich habe schon erlebt, daß ein Clochard einem anderen Armen seinen Mantel anlegte und sagte: „Voilà, du bist älter als ich und brauchst den Mantel nötiger!"

R: Was ist Ihr größtes Problem?

A: Ich möchte überall, wo ich nicht selber sein kann, Mitarbeiter haben, die mich gut vertreten.

R: Sie sind jetzt siebzig Jahre. Haben Sie noch Pläne für die Zukunft?

A: Was würde ein Familienvater antworten? Doch sicher folgendes: Ich werde so lange und so gut ich kann für meine große Familie sorgen.

R: Können Sie den Zuhörern hier zum Schluß noch einen Rat fürs Leben geben oder ihnen einen Ihrer Leitgedanken verraten?

A: Gerne! Wir täuschen uns selber, wenn wir meinen, wir könnten nichts zum Glück anderer beitragen. Erst, indem ich für andere da bin, finde ich mich selber und den Weg zu Gott. – Wir brauchen hilfsbereite Menschen noch notwendiger als Geld!

Meditationsmusik

Lesungen

Jak 2, 14–17 (Der Glaube muß Taten zeigen)

Mt 25, 31–46 (Vom Weltgericht)

Stille

Lied

Text *(vielleicht mit Musik hinterlegt)*

I: Was ist Liebe?
Liebe ist, wenn man – wie der Dulder Ijob – auch in schlimmen Zeiten auf Gott vertraut.

II: Liebe ist, wenn man – wie Augustinus – so von Gottes Güte überzeugt ist, daß man sie weitergibt an andere.

III: Liebe ist, wenn man – wie die hl. Monika – nicht aufhört, das eigene Kind zu lieben, auch wenn es Irrwege geht.

I: Liebe ist, wenn man – wie Mutter Teresa von Kalkutta – in den Notleidenden und Hungernden Christus sieht.

II: Liebe ist, wenn man – wie Maximilian Kolbe – für einen anderen Menschen in den Tod geht.

III: Liebe ist, wenn man – wie Mahatma Gandhi – den Unterdrückten beisteht.

I: Liebe ist, wenn man – wie Christophorus – bereit ist, andere zu tragen und zu ertragen.

II: Liebe ist, wenn man – wie Albert Schweitzer – einer guten Sache wegen freiwillig sein Leben im Urwald verbringt.

III: Liebe ist, wenn man – wie Maria Goretti – seinem Mörder verzeiht.

I: Liebe ist, wenn man – wie Jesus Christus – sein Leben hingibt für seine Freunde.

II: Liebe ist, wenn man – wie Jesus Christus – sein Leben hingibt für seine Freunde.

III: Liebe ist, wenn man – wie Jesus Christus – sein Leben hingibt für seine Freunde.

(verkürzt nach Adalbert Ludwig Balling, Liebe ist (k)eine Hexerei, Verlag Mariannhill, Würzburg)

Schuldbekenntnis

Herr, unser Gott. Wir wollen bekennen, daß wir uns für deinen Heiligen Geist der Güte, der Liebe und Barmherzigkeit zu wenig geöffnet haben. Darum wollen wir gemeinsam sprechen: Ich bekenne... (GL 353,4)

Vergebungsbitte – Friedensgruß

Bitten

1. Herr, schenke uns auch heute Heilige. Wir brauchen Menschen, die nach der zehnten Enttäuschung noch vertrauen können. *Stille*
2. Herr, schenke der Welt Menschen, die ein offenes Wort riskieren, wenn anderen Unrecht geschieht. *Stille*
3. Herr, schenke uns Menschen, die lieber hergeben als kassieren, die eher anpacken als dabeistehen. *Stille*
1. Herr, wir brauchen auch heute Heilige. Schenke uns Menschen mit etwas mehr Hand und weniger Faust. *Stille*
2. Schenke uns Menschen, deren Ja ein Ja ist – und deren Nein ein Nein. Schenke uns Menschen, deren Hoffnung andere trägt und zum Leben erweckt. *Stille*
3. Herr, schenke uns auch heute heiligmäßige Menschen, damit die Zukunft menschlicher wird als die Vergangenheit. *Stille*

(frei nach Dirnbeck/Gutl, Ich begann zu beten, 6. Aufl. 1982, Verlag Styria, Graz/Wien/Köln)

Evtl. **Dankpsalm – Segen:** siehe Anhang 4 und 5

Entlaßgruß

Nehmen Sie bitte die Postkarte mit nach Hause als Erinnerung daran, daß auch wir die oft eisige Atmosphäre um uns herum auftauen können.

Schlußlied

III. Bußfeiern für Kinder

17B Heilige als Leitbilder

(Bußfeier mit der Postkarte: Blume im Schnee)

Vorbemerkung
Die Gewissenserforschung ist bewußt kurz gehalten, weil schon allein das Anhören Betroffenheit auslösen kann: Wie wenig lieben wir; wie oft unterlassen wir das Gute!

Vorbereitung
Jedes Kind erhält die Postkarte, die bei der entsprechenden Bußandacht auch den Erwachsenen in die Hand gegeben wurde (Abbildung S. 107). Zu bestellen beim Buch-Kunstverlag, 82488 Ettal, Nr. 7273 Zwergiris.

Lied – Persönliche Begrüßung

Gebet
Zuerst betrachten wir das Bild *(mit den Kindern erarbeiten).*
Herr, unser Gott, viele großartige Menschen – wir nennen sie Heilige – haben wie die Blume im Eis der Umgebung gelebt, d. h. sie sahen, wie herzlos, wie kalt, wie bequem, wie gleichgültig Menschen zueinander sein können. Und mit deiner Kraft haben sie das Eis geschmolzen. Laß uns jetzt hören, was du uns sagen willst. Das bitten wir durch Christus, unseren Herrn.

Lebensbilder von Heiligen
als Ausrichtung und Gewissenserforschung. *(Neben den beiden folgenden Leitbildern können Sie auch – wenn Sie entsprechend kürzen oder vereinfachen – aus den sieben anderen Lebensbeschreibungen für Erwachsene und Jugendliche wählen, siehe Seite 108ff.)*

1. INTERVIEW MIT FRANZ VON ASSISI
(evtl. kürzen, je nach Ansprechpartner)

R = Reporter, F = Franz von Assisi

R: Wir begrüßen in Ihnen einen Gammler, einen Hippie der Kirche, einen ehemaligen Playboy: Wir begrüßen den heiligen Franz von Assisi, der im Jahre 1182 geboren wurde. Danke, daß Sie seine Rolle spielen wollen.
F: Playboy, Hippie! Ja, das ist richtig! Ich habe mit Freunden die Nächte durchtobt, spielte verrückt, imponierte den Mädchen, wollte überall der

Größte sein – weil ich der Sohn eines reichen Kaufmannes war und mir all das leisten konnte.

R: Was oder wer hat Sie geändert?

F: Ich wurde bei einem Streit mit unserer Nachbarstadt gefangengenommen. Tagelang war ich schwer krank. Ich begann über den Sinn meines Lebens nachzudenken. – Dann habe ich auch in der Bibel geblättert. Darin steht: Je weniger du besitzt, um so glücklicher kannst du werden.

R: Darum haben Sie auch später gesagt: „Wer nichts hat, braucht auch keine Waffen, das Eigentum zu verteidigen. Und er braucht nichts vor neidischen Augen zu verstecken." – Trotzdem wurden Sie zum Dieb?

F: Das war noch in der Zeit meines Suchens: Ich nahm Geld aus der Kasse meines Vaters, um den Aufbau einer zerstörten Kirche zu finanzieren.

R: Kurz danach wurden Sie zum „Aussteiger". Der Bischof sollte die Familienehre noch retten, aber er konnte den Skandal nicht verhindern!

F: Ja, diese Szene ist ja sattsam bekannt: Mein Vater enterbte mich vor allen Leuten. Da zog ich alles aus, was ich auf dem Leibe trug, legte es meinem Vater zu Füßen und sagte: „Ich habe jetzt nur noch den Vater im Himmel!"

R: Kurz vorher hatten Sie noch die eiternden Wunden eines Aussätzigen geküßt? Was haben Sie sich dabei gedacht?

F: Zuerst hatte ich ihn ja abgewiesen. Mich ekelte vor ihm. Dann sah ich plötzlich Jesus in diesem Ärmsten.

F: Wie früher der heilige Martin in dem Bettler! – Jetzt also suchten Sie Jesus ganz zu dienen?

F: Ja, zuerst baute ich verfallene Kirchen um Assisi auf, weil mir Jesus das aufgetragen hatte. Erst später verstand ich, daß ich seine große Kirche wieder aufbauen sollte.

R: Wie sollte das denn gehen?

F: Die Kirche, d. h. der Papst und die Bischöfe waren zu reich, zu sehr mit dieser Welt und mit Regieren beschäftigt. Ich wollte wieder ganz arm sein – wie Jesus, der nicht wußte, wo er sich nachts hinlegen sollte. Meine Braut hieß „Armut". Das allein ließ die Kirche aufhorchen.

R: In der Tat liefen Ihnen überraschend viele junge Leute zu, junge Männer und junge Frauen.

F: Ja, es war, als wenn alle darauf gewartet hätten.

R: Sie zogen durch die Dörfer, predigten, sangen Lieder und bettelten. Aber wenn Sie bei einem Bauer gearbeitet hatten, warum haben Sie dann kein Geld genommen?

F: Weil Geld leicht verblendet. – So stand es auch in meiner Regel: Kein Geld annehmen, kein Eigentum erwerben, nicht einmal ein Haus.

R: Sie hatten ja ein tolles Verhältnis zur Natur. Heute werden Sie als „Umweltpatron" verehrt.

F: Eigentlich war da nichts Besonderes: Wir alle kommen doch aus Gott, aus demselben Urgrund: die Pflanzen, die Tiere, der Mensch. Darum sind wir alle wie Brüder und Schwestern, auch Sonne, Wasser, selbst der Tod. Wie ich mit einer Pflanze umgehe, so gehe ich auch mit einem Tier um. Was ich einem Tier an Bösem zufügen kann, bin ich auch fähig, einem Menschen anzutun.

R: Was haben Sie denn damals den Vögeln gepredigt?

F: Liebe Vögel! Ihr habt allen Grund, Gott dankbar zu sein: Ihr habt alles, was zum Leben nötig ist. Ihr braucht nicht zu arbeiten und findet überall Nahrung. Ihr habt sogar ein Kleid aus Federn, und mit euren Flügeln könnt ihr so toll durch die Luft fliegen. Bleibt also eurem Schöpfer immer dankbar!

R: Sie hatten auch eine Auseinandersetzung mit einem wilden Wolf, der die Menschen anfiel?

F: Dieser Wolf hatte schon viele Menschen getötet. Alle lebten in Angst und Schrecken. Ich ging auf den Wolf zu und sagte: „Bruder Wolf, du tötest gegen Gottes Willen auch Menschen. Deshalb verdienst du den Tod. Ich will aber Frieden stiften zwischen dir und den Bewohnern der Stadt. Wenn sie dir genügend zum Fressen vor die Stadttore werfen, wirst du dann Frieden halten?"

R: Nach der Legende gab Ihnen der Wolf dann auch die Pfote, um die gute Absicht zu bekräftigen.

F: Ich halte es für wichtig, darauf hinzuweisen, daß der Wolf *in uns* Menschen viel gefährlicher ist als der Wolf, von dem wir eben sprachen.

R: Im Jahre 1226 starben Sie mit 44 Jahren. Während der letzten Jahre Ihres Lebens haben Sie büßen müssen, so hart und unmenschlich gefastet zu haben: Sie wurden allmählich blind, erbrachen oft Blut und waren sehr gehbehindert.

F: Wissen Sie, auch die Krankheiten sind „Schwestern". Ich wollte auch die Schuld und Sünde anderer Menschen sühnen.

R: Dabei waren Sie trotzdem stets fröhlich und wurden „Bruder Immerfroh" genannt. Und zwei Jahre vor Ihrem Tod erlebten Sie noch etwas Besonderes?

F: Sie meinen, daß ich Jesus ähnlicher wurde und seine Wundmale an Händen und Füßen und an der Seite empfing! Darum habe ich mich auch vor meinem Tod entkleiden und auf der Mutter Erde ausstrecken lassen: Ich wollte so sterben wie Jesus, der nackt auf dem harten Holz des Kreuzes starb.

R: Wie eine kleine Sonne sind Sie damals über der Welt aufgegangen, und Sie leuchten bis heute. Dreißigtausend Männer nennen sich heute noch nach Ihnen „Franziskaner". In der Zeit der Auseinandersetzung mit Luther waren es sogar hunderttausend. Ihr Zeugnis muß sehr beeindruckend gewesen sein, denn gerade in Ihrer Vaterstadt waren Sie geschätzt, wo doch sonst kein Prophet in seiner Heimat was gilt! Darum sind Sie auch schon zwei Jahre nach Ihrem Tod heiliggesprochen worden. Sie können versichert sein: Wir schätzen und verehren Sie. – Danke für dieses Interview. Oder möchten Sie den Mädchen und Jungen noch etwas sagen?

F: Gerne. Ich darf Euch auch heute sagen: Je weniger Du besitzt, um so glücklicher kannst Du sein. Mit Deinen fünfzig Stofftieren im Kinderzimmer fängt der falsche Kreislauf schon an. Glaub' doch nicht, daß die hundert Schallplatten, zehn Fernsehprogramme oder ein Fahrrad mit zwanzig Gängen Dich glücklicher machen können. Je weniger Du hast, um so mehr kannst Du sein. – Ich habe auch lange gebraucht, das zu verstehen.

Meditationsmusik

• Kann ich mein Geld für etwas Gutes großzügig verschenken? Gehe ich mit Pflanzen und Tieren wie mit einem Geschenk aus der Hand Gottes um? Habe ich den Wolf in mir an der Kette liegen, d. h.: Übe ich Selbstbeherrschung und Verzicht, oder setze ich nur meinen Willen durch und habe immer neue Wünsche? Macht es mich manchmal richtig froh, daß es Gott gibt und ich nie aus seiner Hand fallen kann?

Stille

Evangelium

Mt 10, 5–12 (Geht und verkündet: Das Himmelreich ist nahe). Mt 19, 16–21 (Vom Reichtum und der Nachfolge). Mt 16, 24.25 (Wer mir nachfolgen will...)

2. *INTERVIEW MIT P. DAMIAN DEVEUSTER (1840–1889)*

R = Reporter, P = P. D. Deveuster

R: Wir begrüßen in diesem (jungen) Mann Pater Damian Deveuster, einen Märtyrer der Nächstenliebe, auch Apostel der Aussätzigen genannt. Erzählen Sie uns bitte zuerst etwas über Ihre Heimat.

P: Ich stamme aus Belgien. 1840 wurde ich geboren. Als Sohn eines Bauern war ich gewohnt, hart mitanzupacken. Sehr gerne habe ich auch geschreinert. Daß ich Priester wurde, kam nicht von ungefähr: Schon einer meiner Brüder und zwei meiner Schwestern waren früher in den Dienst der Kirche getreten. Ich hatte sehr gläubige Eltern.

R: Sie haben später auf Hawaii als Missionar gearbeitet. Hawaii und die Südseeinseln werden heute als Paradies und tolle Urlaubsorte besungen. War das einmal anders?

P: Ja, vor gut hundert Jahren verpestete diese Inseln der Gestank der Leprakrankheit. Gegen diesen schleichenden Tod, der langsam den Körper auffrißt, gab es damals noch kein Mittel. Heute ist das anders: Mit Tabletten, die nicht viel mehr als 5 DM kosten, kann jedem Leprakranken geholfen werden, wenn die Tabletten rechtzeitig gegeben werden! Trotzdem leiden auch heute noch Millionen am Aussatz!

R: Dieser Aussatz war also meistens eine ansteckende Krankheit. Wie löste denn die Regierung damals das Problem?

P: Sie schickte Detektive unter die Bevölkerung. Jeder, der weiße Flecken auf der Haut hatte, wurde verhaftet und auf der Insel Molokai abgesetzt. Aber auch alle Personen, die mit Leprakranken in Berührung gekommen waren. Auch Kinder.

R: Wie? Alle wurden einfach auf eine Insel abgeschoben und ihrem Schicksal überlassen?

P: Richtig! Sie können sich vorstellen, welche Zustände auf der Insel herrschten: Die Stärksten verbreiteten Schrecken; mit Alkohol und Rauschgift wurde die Angst betäubt; Frauen und Kinder wurden vergewaltigt; Prügeleien und Totschlag waren an der Tagesordnung. Kurz, da herrschte totales Chaos.

R: Mit 33 Jahren entschlossen Sie sich, ganz auf diese entsetzliche Insel zu gehen. Sie gingen also in den sicheren Tod, denn es gab kein Zurück.

P: Das war mir klar. Trotzdem wurde ich mit einem Steinhagel empfangen. So verbittert waren die achthundert Menschen, die hier lebendig begraben waren. Erst als ich einem Kind die zerfressene Nase verband, wurden die Todgeweihten stiller.

R: Wie ging es weiter? Ich habe gelesen, Sie waren dort Vater und Bruder, Arzt, Lehrer und Priester.

P: Ja, Ihre Reihenfolge ist ungefähr richtig. Erst zuletzt konnte ich Priester sein. Zu viele menschliche Probleme waren zuerst zu lösen. Mit allen, die noch mitanpacken konnten, baute ich im Laufe der Jahre rund dreihundert kleine, saubere Holzhäuser und legte eine Wasserleitung. Wir bauten ein kleines Krankenhaus für alle, die sich nicht mehr allein helfen konnten. Zwei Waisenhäuser errichteten wir für die Kinder, die ohne Familie auf der Insel abgesetzt wurden. Wir fingen Tiere ein zum Züchten. Wir beackerten den Boden. Ich sorgte für eine würdige Bestattung der Toten. Zuletzt konnte ich auch die Kirche vergrößern.

R: Der große Gandhi schrieb einmal: „Die Pflege der Aussätzigen verlangt, sich selbst vollkommen zu verleugnen!“ Können Sie uns das einmal genauer erklären?

P: Sie müssen sich das anschaulich vorstellen: Über der ganzen Insel liegt ein Gestank wie der über einem Sarg, den Sie nach drei Wochen öffnen. Sie müssen Ihren Ekel bekämpfen, wenn Sie faule und eitrige Fleischklumpen beseitigen, die von Würmern wimmeln. Sie essen mit Leprösen aus einem Topf, und geschwollene, blutige Finger reichen Ihnen oft die Bissen.

R: Sie konnten die Krankheit nicht besiegen, aber die Verzweiflung der Menschen. Hat die Außenwelt Sie nicht unterstützt?

P: Als nach vielen Jahren mein Beispiel langsam in Amerika und Europa bekannt wurde, flossen die Spenden an Lebensmitteln und Kleidung reichlich und erleichterten meine Arbeit. Aber was noch wichtiger war: Es kamen Priester, Schwestern und Laien, um mir bei meiner Arbeit zu helfen.

R: Haben Sie nie Angst gehabt?

P: Die schlimmsten Augenblicke kamen, als ich 1884 die Gewißheit hatte: Ich selbst war leprakrank. Fünf Jahre brauchte die Krankheit, um mich aufzufressen. Es fing an, daß ich nach einer Wanderung über die Insel meine Füße in kochendes Wasser stellte, dies aber erst bemerkte, als ich mir beim Waschen der Füße die Hände verbrühte. Dann ging die Krankheit langsam weiter: aufgedunsenes Gesicht, die Ohren verschwollen und unförmig, Abmagern, heftiges Fieber. Aber ich hätte nicht gesund werden mögen, wenn ich dafür die Insel hätte verlassen müssen!

R: Was gab Ihnen die Kraft, diesen Weg sechzehn Jahre lang zu gehen?

P: Dann fragen Sie zuerst Franziskus, aus welcher Kraft er die eitrigen Wunden eines Aussätzigen küssen konnte. Fragen Sie Mutter Teresa, aus welcher Kraft sie ausgesetzte Babys oder sterbende Menschen aufsammelt. Fragen Sie Ordens- und Krankenschwestern, warum sie mit Schwerstbehinderten lachen können!

Damals schrieb ich meinem leiblichen Bruder: „Du weißt, Jesus Christus hat erlaubt, daß ich vom Aussatz ergriffen bin. Dafür danke ich Gott. So werde ich jetzt schneller meinen Lebensweg zum himmlischen Vaterland lenken dürfen. In dieser Hoffnung nehme ich das Kreuz auf mich. Hilf mir bitte durch Dein Gebet, daß ich die Kraft habe, bis zum Gipfel des Kalvarienberges zu kommen.“

R: Liebe Kinder. Ob wir die Kraft haben, ab und zu einen ähnlichen Weg zu gehen: dienen und nicht herrschen, heilen und nicht schlagen?

Meditationsmusik

• Möchte ich immer die erste Rolle spielen, daß alle nach meiner Pfeife tanzen müssen? Habe ich ein Herz für alle, die heute ausgestoßen werden: in der Klasse, auf der Straße, in der Nachbarschaft? Habe ich den Mut, mich anders zu verhalten als die anderen? Lasse ich mir diesen Mut von Jesus geben? Kann ich großzügig von meinem Geld abgeben an alle, die bitter arm sind und hungern? Nehme ich mir einmal Zeit, einen kranken oder alten Menschen zu besuchen?

Stille

Jesus wird uns einmal danach fragen:

Lesung
Mt 25, 31–40: Vom Weltgericht

Text

I: Liebe ist, wenn ich – wie Mutter Teresa in Kalkutta – in allen Menschen, die in Not sind, Jesus selbst sehe.

II: Liebe ist, wenn ich – wie Christophorus – andere tragen und ertragen kann.

I: Liebe ist, wenn ich – wie Stephanus – mitten im Unrecht noch für meine Feinde beten kann.

II: Liebe ist, wenn ich – wie Martin – mit einem Menschen in Not teilen kann.

I: Liebe ist, wenn ich – wie Elisabeth – zu den Armen gehe und helfe.

II: Liebe ist, wenn ich – wie Nikolaus – Augen und Hände habe für alle, die um Hilfe rufen.

I: Liebe ist, wenn ich – wie Jesus – aus ganzem Herzen und ganzer Seele Gott und die Menschen gern habe.

II: Liebe ist, wenn ich – wie Jesus – aus ganzem Herzen und ganzer Seele Gott und die Menschen gern habe.

Schuldbekenntnis – Vergebungsbitte – Segen: siehe Anhang 2 und 5

Entlaßgruß
Stellt die Karte als Erinnerung an unsere Bußfeier an eurer Schreibecke auf. Wenn du auf sie schaust, dann sage: Auch ich möchte die Welt etwas freundlicher machen.

Danklied

18 Was Brot uns sagen kann

(Bußfeier mit einer Ähre)

Vorbereitung

Jedes Kind erhält eine Ähre. (Diese Bußfeier verlangt also eine lange Planung, da ich einem Landwirt rechtzeitig Bescheid sagen muß.) Zusätzlich kann in der Leuchtbox die Folie von den wachsenden Weizenkörnern gezeigt werden, oder das erste Indische Hungertuch wird aufgehängt (= Neues Leben sprengt das Gefäß).

Lied – Persönliche Begrüßung

Gebet

Mächtiger Gott, wir danken dir für das Wunderwerk in unseren Händen. Der Mensch hat es gesät, aber du hast es wachsen lassen. Du schenkst es uns – wie alles in unserem Leben. Schenke uns jetzt auch deinen Heiligen Geist, damit wir erkennen, was wir falsch machen und wo wir neue Wege gehen können. Darum bitten wir durch Christus, unseren Herrn.

Gewissenserforschung – Meditation

(Bitte auswählen und durch Lieder unterbrechen!)

So eine Ähre kann uns auf eine Menge Gedanken bringen. Zuerst wollen wir einmal staunen:

1. STAUNEN

Ist es nicht toll, was für ein Hochhaus mit so vielen Wohnungen (wie viele?) aus einem einzigen Korn gewachsen ist? Und es fällt selbst bei einem Sturm nicht so leicht um! Und Vorsicht: Wenn aus diesem Riesenturm die Körner in gutes Erdreich fallen, dann können 60...neue Riesentürme wachsen!

• Sehe ich noch die Wunder am Wege? Danke ich Gott für alles, was er wachsen läßt? Denn alle Mühe des Menschen wäre vergeblich, wenn Gott nicht Regen, Sonne und den Wind zum Befruchten und Wachsen schenken würde. Könnten wir ohne all diese Geschenke Gottes überhaupt leben? Bin ich mit den Geschenken Gottes verantwortungsvoll umgegangen, oder habe ich den Teller halbvoll stehengelassen? Mache ich Ärger, wenn meine Lieblingsspeise nicht auf dem Tisch steht? Ist bei uns zu Hause Brot in den Mülleimer gewandert? Habe ich mein Pausenbrot in den Papierkorb geworfen?

Stille

2. SICH ABHÄRTEN

Der Landwirt sät das Wintergetreide schon im Herbst, damit Schnee und Frost die Körner abhärten: So bringen sie mehr Frucht. – Und selbst wenn er erst im sicheren Frühjahr sät, setzt er das Saatgut vorher einem künstlichen Kälteschock aus: Dieser Reiz soll das Korn alles hergeben lassen, was es geben kann.

• Gehe ich allem Harten und Anstrengendem aus dem Wege? Trainiere ich meinen Körper? Verstehe ich, warum meine Eltern oder Lehrer zu meinen Wünschen oft nein sagen müssen, damit ich nicht zu weich erzogen werde? Sage ich sehr oft: „Ich habe keine Lust"? Bin ich bereit, Aufgaben und Arbeiten zu Hause, in der Schule oder in der Gruppe zu übernehmen? Oder sage ich immer „die anderen!"?

Stille

3. GEDULDIG SEIN

„Kurzgeschichten 1", Nr. 7: Warten können.

(Inhaltsangabe: Einem Mann geht das Wachsen seiner Saat nicht schnell genug: Überall zupft er die zarten Halme etwas höher – und so zerstört er alles.)

• Klage ich darüber, daß ich mir beim Lernen mehr Mühe geben muß als andere? Habe ich Geduld mit den Fehlern meiner Geschwister oder Klassenkameraden? Werde ich sofort wütend, wenn etwas nicht gelingt? Kann ich geduldig warten, wenn ich noch nicht so groß bin wie andere in meinem Alter?

Lesung

Wir hören aus der Bibel, wieviel Geduld der Apostel Paulus aufbringen mußte beim Aussäen der Botschaft von Jesus. Und nicht nur Geduld, er mußte auch vieles ertragen: 2 Kor 11, 24–31 (Leiden und Geduld des Apostels)

Stille

4. SICH IMMER WIEDER VERWANDELN!

Helft mir bitte dabei, herauszufinden, wie oft sich so ein Samenkorn verwandeln muß, bis ein knuspriges Brot auf dem Tisch liegt. (Zuerst stirbt, besser: verwandelt sich das Samenkorn, um Frucht zu bringen; dann verwandeln sich viele Körner, wenn sie zu Mehl gemahlen werden; und dann muß sich das Mehl noch einmal in der Glut des Feuers beim Backen verwandeln.) Immer wieder steigt im Verwandeln das Korn auf eine höhere Stufe.

(Hier können auch Auszüge aus dem Leben eines Heiligen erzählt werden, die immer ein Stück für die Gemeinschaft „starben", z. B. Pfarrer von Ars.)

• Bin ich dazu bereit, daß Gott auch aus mir etwas machen will? Wenn er aber aus mir ein Werkzeug „schnitzt", fallen viele Späne = muß manches an mir sterben.

Stille

Evtl. **Lesung**

Joh 12, 24–25 (Wenn das Weizenkorn nicht stirbt)

5. SCHENKEN

Schenken macht nicht ärmer! Das will folgende Geschichte sagen:

Gott bittet in der Gestalt eines Bettlers einen Bauer bei der Ernte inmitten seiner gefüllten Säcke um ein paar Körner. Der Bauer nimmt ungehalten ein einziges Weizenkorn, und das ist noch sehr klein. Der Bettler gibt es ihm zurück, und der Bauer staunt: Er hält ein Goldkorn in der Hand. Da ärgert sich der Bauer, daß er nicht den ganzen Sack geschenkt hat. (vgl. Kurzgeschichten 1, Nr. 13; eventuell auch die Geschichte Nr. 124: Die beiden Brüder).

• Kannst du teilen? Bemühst du dich, wenn für die Kinder in der 3. Welt gesammelt wird, mehr als ein Körnchen aus deinen vollen Säcken zu geben? Denkst du daran, daß Jesus dich einmal fragen wird, ob du mit denen in Not und Hunger spürbar geteilt hast? Denn Jesus sagt:

Lesung

Mt 25, 31–40 (Vom Weltgericht)

oder Joh 15, 12.14.16.17 (Liebt einander als meine Freunde)

Stille

(Der eucharistische Aspekt des Brotes ist hier ausgespart, kann aber auch eingefügt werden. Dazu einige Anregungen: Die hl. Kommunion in meiner

Hand als „Brot des Lebens". Christus in der Gestalt des Brotes in der Monstranz, an Fronleichnam durch die Straßen getragen. Tarzisius ließ sich dafür totschlagen. –
„Kurzgeschichten 2", Nr. 72: Nicht ohne Christus; Nr. 73: Wir schauen uns an; Nr. 74: Der Blumenstrauß. Evangelium: Joh 6, 48–51 a (Ich bin das Brot des Lebens) – Siehe auch die Meditation in meinen „Kommuniongeschichten", S. 65: Heiliges Brot...)

Flötenspiel / Lied

Schuldbekenntnis – Vergebungsbitte – Segen: siehe Anhang 2 und 5

Entlaßgruß
Nehmt das kleine Kunstwerk mit nach Hause. Und wenn euer Blick darauf fällt, erinnert euch an den ein oder anderen Gedanken von heute: Staunen über die Geschenke Gottes; geduldig sein, wenn es mit dem Wachsen nicht so schnell geht; schenken können...

Danklied

19 Sein Herz an andere verlieren

(Bußfeier mit einem Herzen)

Vorbereitung
Jedes Kind bekommt ein etwa 8 cm großes Herz aus rotem Papier (oder soll es mitbringen; dann müssen aber noch einige vorbereitet sein für alle, die es vergessen). Im Altarraum ist ein ähnliches ein bis zwei Meter großes Herz gut sichtbar aufgestellt.

Lied – Persönliche Begrüßung

Gebet
Herr, unser Gott. Wir stehen mit einem roten Herzen in unseren Händen vor dir und wollen bekennen, daß wir manchmal zu wenig Herz haben, ja herzlos sind. Oft sind wir auch kraftlos und wie gelähmt. Komm, Heiliger Geist Gottes, mache unser Herz gesund, damit wir herzlicher sind und unser Herz mehr für diese Welt öffnen. Darum bitten wir durch Christus, unseren Herrn.

Begriffe sammeln
Zuerst wollen wir einmal gemeinsam herausfinden, wo draußen so ein Herz überall vorkommt: Ein Herz ist auf den Schulhof oder an Wände gemalt oder in Bäume geschnitzt. Was bedeutet das?...Wo begegnet dir sonst noch das Wort ‚Herz'? (Herz ist Trumpf; Autoplakette: Ein Herz für Kinder; Herz-As). Welche Wörter fallen dir noch ein? (herzen = ans Herz drücken, liebkosen; herzergreifend weinen; sein Herz ausschütten; beherzt sein = sich ein Herz fassen; das Herz auf dem rechten Fleck haben; „Hand aufs Herz!"; Herzen von Stein; Herzblatt = das zarteste Blatt einer Pflanze, auch Kosename; „Man sieht nur mit dem Herzen gut!"; ein Mensch mit Herz etc.) – Das Herz ist das Hauptorgan unseres Körpers. Es liefert die Triebkraft für unseren Blutkreislauf. Das Herz ist also die Mitte des Menschen: ein Bild für die Liebe. Darum auch die rote Farbe der Liebe.
Vorn am Altar seht ihr ein großes Herz. Es soll das Herz von Jesus darstellen. Dieses Herz ist für uns alle offen. Es wurde mit einer Lanze durchstochen, als Jesus am Kreuz hing; damit jeder erkennen kann: Jesus hat für uns immer ein offenes Herz. Wir hören jetzt diese Stelle aus dem Heiligen Buch:

Lesung
Joh 19, 31–34 (Jesu Seite, besser „sein Herz" wird durchbohrt)
Weil Jesus sein Herz für uns geöffnet hat, deshalb wollen wir auch unser Herz öffnen. Am Ende unserer Feier werden wir unsere Herzen dem Herzen Jesu schenken, d. h. unsere Herzen auf das Herz Jesu stecken, um zu zeigen: Von daher wollen wir unsere Kraft nehmen, die Menschen und alles Schöne in der Welt zu lieben.
Jetzt wollen wir darüber nachdenken, wo überall Herz = die Liebe nötig ist.

Gewissenserforschung
(Bitte auswählen und durch Lieder unterbrechen)

1. LIEBE WEITERGEBEN
„Hand aufs Herz!" Brauchst du es nicht, daß die Mutter dich an sich drückt oder der Vater dich ganz fest und lange umarmt? Von daher hast du auch Liebeskraft bekommen. Du hast sie an die Puppe oder das Stofftier weitergegeben, Tiere gestreichelt und liebkost und auch deine Freunde „geherzt", d. h. ans Herz gedrückt. Mutter und Vater brauchen das auch, daß du sie an dich drückst. So ähnlich ist das auch bei dem Jesuskind gewesen. Als Jesus dann groß war, war er deshalb so besonders herzensgut, weil er auch noch die Liebe seines Vaters im Himmel weitergab. Wir wollen hören, wie groß diese Liebe war:

Lesung
Jesus hat ein Herz für Kranke; für Ausgestoßene; für Menschen, die Fehler machen. Seine Liebe macht „Blinde" wieder sehend, „Lahme" können wieder gehen, und die Ausgestoßenen haben wieder neuen Mut.
Hier bitte eine entsprechende Evangelienstelle wählen, z. B. alleine bei Mt: Mt 9, 1–8 (Heilung eines Gelähmten), Mt 9, 10–13 (Jesus ißt mit Zöllnern und Sündern), Mt 15, 29–31 (Jesus heilt viele Kranke), Mt 18, 12–14 (Jesus liebt die Sünder = Gleichnis vom verlorenen Schaf), Mt 20, 29–34 (Jesus heilt zwei Blinde).

Stille

- Habe ich ein Herz für die Ausgestoßenen in der Klasse? Hole ich die in den Kreis, die oft abseits stehen? Gebe ich den „Blinden" und „Lahmen" in unserer Nachbarschaft neuen Mut? Habe ich ein Herz für Tiere, für Pflanzen? Bin ich – wie Jesus – bereit, die Liebe des Vaters im Himmel weiterzugeben an alle?

2. EIN HERZ AUS STEIN?
Es gibt Menschen, deren Herz ist langsam zu Stein geworden. Sie sind unerbittlich hart (hartherzig) und herzlos. Wir wissen: deren Herz ist krank. Und deren Seele ist krank. Wir hören dazu eine Geschichte:
„Kurzgeschichten 1", Nr. 63: Die Brote von Stein.
(Inhaltsangabe: Weil die reiche Frau vorgibt, kein Stückchen Brot für die arme Bettlerin zu haben, werden ihre Brote so lange zu Stein, wie ihr Geiz anhält.)

Oder: „Kurzgeschichten 1", Nr. 249: Das Zwiebelchen; Nr. 250: Nur die Liebe zählt; und positiv Nr. 114: Dienen; oder Nr. 124: Die beiden Brüder.

• Hat dein Herz Augen für die hungrigen Kinder in der Ferne – und die geprügelten in der Nähe, die auf ein gutes Wort warten? Kannst du verzichten und verschenken oder steckst du alles in deinen eigenen Mund? Wird das Zusammensein durch dich froher und herzlicher, wenn du dazukommst?
Allen, deren Herz langsam versteinert oder die schon ein Herz aus Stein haben, sagt Gott im Heiligen Buch durch den Propheten Ezechiel:

Lesung
Ez 36, 26–28: Ich gebe euch ein neues Herz in eure Brust.

3. JESUS SCHENKT SICH GANZ
Jesus hat nicht nur damals im Heiligen Land ein Herz für so viele Menschen gehabt. Sein Herz steht auch noch für uns offen: wenn ich mit ihm spreche oder ihn bitte in meiner und anderer Not. Ganz besonders ist er für uns da, wenn wir ihn in der Gestalt des Brotes in der hl. Messe in unser Herz schließen dürfen.
• Spreche ich mit Jesus – jeden Tag? Danke ich ihm für alles, was er mir schenkt? Bin ich mit meinem Herzen dabei, wenn ich ihn in der Kommunion empfange? Freue ich mich darüber, sonntags mit Jesus in der Kommunion eins zu sein? Merken die anderen später draußen, daß ich mit Jesus eins geworden bin und durch seine Liebe jetzt selbst zu einer kleinen Quelle der Liebe geworden bin?

Lesung
Wir hören, was der Apostel Johannes uns sagt: 1 Joh 4, 7–11 (Weil Gott uns so liebt, müssen wir einander lieben) (Den Text etwas vereinfachen!)

Stille

(Eventuell kann auch noch der Gedanke eingefügt werden: Jesus hat für *andere* gelitten und gesühnt. Wenn ich Jesus darum bitte, kann ich durch ihn auch *stellvertretend* für andere Liebe erbitten und weitergeben.)

Aktion
Die Kinder können jetzt auf ihr Herz (ihren Namen und) einen guten Vorsatz schreiben, wem oder wie sie „Herz" zeigen wollen. Danach bringt jeder sein Herz nach vorne und steckt oder klebt sein Herz auf das große Herz Jesu.

Schuldbekenntnis *(Alle stehen im Kreis um das Herz Jesu)*
Wir denken an das Hauptgebot: Wir sollen Gott, den Herrn, lieben aus ganzem Herzen und ganzer Seele, mit aller Kraft und unserem ganzen Denken. Und: wir sollen den Nächsten – jeden, der uns braucht – lieben wie uns selbst. Das haben wir nicht getan. Darum bekennen wir unsere Schuld. Ich bekenne...

Vergebungsbitte

Fürbitten
Die Kinder bitten jetzt mit eigenen Worten darum, daß ihnen aus dem Herzen Jesu neue Kraft zufließt, damit sie die guten Vorsätze auch in die Tat umsetzen können. Oder sie nennen spontan ihre „Herzenswünsche".

Segen

Entlaßgruß
Jedes Kind *kann* jetzt sein Herz mit nach Hause nehmen, um sich oft an diese Gedanken zu erinnern. (Es ist aber auch schön, wenn das große Herz mit den aufgesteckten Herzen noch ein paar Wochen im Chorraum sichtbar ist.)

Danklied

20 Schlagen oder heilen?

(Bußfeier mit einer Weidenrute und einem Bindfaden)

Vorbereitung
Jedes Kind erhält eine frische Weidenrute von 40–50 cm Länge, dazu einen halb so langen Bindfaden. – Vielleicht steht im Altarraum auch ein größeres, aus Weidenruten geflochtenes Kreuz.

Lied – Persönliche Begrüßung

Gebet
Vater im Himmel. Wir stehen vor dir mit einer Rute, mit der wir so leicht zuschlagen und wehtun können. Wir wollen dir sagen, wo wir geschlagen und zerschlagen haben. Sende uns deinen Heiligen Geist, damit wir unsere Fehler erkennen und auch Wege zum Heilen finden. Darum bitten wir durch Christus, unseren Herrn.

Gewissenserforschung
Zuerst wollen wir nachdenken: Wo habe ich mit Fäusten zugeschlagen? War das wirklich nötig – zu Hause – in der Schule – auf der Straße? Wo habe ich mit Worten zugeschlagen? Meinen Bruder „fertiggemacht" oder meine Schwester, meinen Klassenkameraden? Habe ich es sogar „hinten herum" gemacht? Wem habe ich dabei den guten Ruf zerstört? Ich kann auch verletzen, wenn ich jemanden wie Luft behandle. – Habe ich Vertrauen zerschlagen – bei den Eltern, beim Lehrer? Durch Lügen, Angeben...?

Stille

Lesung
Auch Jesus wurde geschlagen. Er hat sich schlagen lassen, damit daraus Gutes werden kann. Er hat sich auch deshalb schlagen lassen, damit wir nicht mehr schlagen. Wir hören zu:
Mt 26,27 (Sie schlugen ihn mit Fäusten beim Verhör vor dem Hohen Rat.)
Mt 27, 26–31 a (Die Soldaten des Pilatus geißelten ihn [= 40 Schläge weniger einen] und verspotteten ihn.)
Joh 19, 17.18 (Sie schlugen Jesus ans Kreuz.)

Gewissenserforschung – Meditation
Wir wollen noch weiter nachdenken über das Schlagen.
(Bitte auswählen und durch Lieder unterbrechen)

1. SINNLOSIGKEIT DES STREITES

„Kurzgeschichten 1", Nr. 168: Kriege haben nur Verlierer.
(Inhaltsangabe: Zwei Jungen prügeln sich wegen einer Nichtigkeit und ohne die Streitfrage so aufzuklären.)

Oder: Nr. 171: Die Nuß.
(Inhaltsangabe: Streit bringt oft nur Dritten Vorteile.)

• Sind Cowboys, die gleich drauflos schlagen, gute Vorbilder? Hat mich eine Schlägerei schon einmal weitergebracht? War der Schaden anschließend größer? Saß mir dann nicht zusätzlich die Angst im Nacken, daß mir der andere oder ein anderer das heimzahlt? War es eine wichtige Sache, für die ich mich geprügelt habe? Will ich in Zukunft andere Wege gehen? Welche?

2. ANDERE WEGE GEHEN

Die folgende Geschichte zeigt dir einen anderen Weg auf: „Kurzgeschichten 2", Nr. 135: Die Brücke.
(Inhaltsangabe: Zwei verfeindete Jungen bauen in einer Riesenregenpfütze einen Steg aufeinander zu und vertragen sich wieder.)

Oder: „Kurzgeschichten 1", Nr. 159: Gewaltlosigkeit.
(Inhaltsangabe: Als dem bettelnden Priester Hofbauer ins Gesicht gespuckt wird, wischt er sich ruhig das Gesicht wieder sauber und sagt bescheiden, den Hut erneut hinhaltend: „Das war für mich – und jetzt bitte noch etwas für meine Armen!")
Ähnlich „Kurzgeschichten 2", Nr. 132: Zu Freunden gemacht, oder Nr. 134: Sie verneigten sich.

Stille

• Das wirst du vielleicht noch nicht schaffen, aber hast du es, bevor es „knallt", schon einmal mit ausdauerndem Sprechen versucht? Kann es auch ein Weg sein, sich gar nicht zu wehren, auch wenn ich ein paar Schläge einstecken muß (Gandhi, Martin Luther King)? Meistens vergeht dem Gegner dann die Lust am Schlagen! – Habe ich Freunde, die mir in schwierigen Situationen beistehen, auf die ich mich verlassen kann? Bin ich selbst ein guter Freund, der dem anderen hilft, wenn es brenzlig wird? Könnte ich einen Selbstverteidigungskurs mitmachen, um mich anders als mit Fäusten verteidigen zu können?

3. GESCHLAGEN UM DES GLAUBENS WILLEN

Manchmal ist die Gewalt so groß, daß kein Kraut dagegen gewachsen ist. Leider ist auf den ersten Blick das Böse in dieser Welt oft stärker als das Gute.

Es gibt aber Augenblicke, da darf ich Schläge stolz einstecken: Wenn ich um meines Glaubens an Jesus willen geschlagen oder gedemütigt werde – und sei es mit Worten.
Erinnere dich an den jungen Tarzisius, der die hl. Kommunion zu den gefangenen Christen im Gefängnis schmuggeln sollte und unterwegs von Spielkameraden, die sein Geheimnis aufdecken wollten, zu Tode geprügelt wurde.

Oder: „Kurzgeschichten 2", Nr. 61: Zu Tode gepeinigt (hart!)

Lesung
Wir hören einmal, was der Apostel Paulus alles für Jesus ertragen hat: 2 Kor, 11, 24–27.

Stille

• Wärst du bereit, etwas Hartes und Schweres – um Jesu willen – zu ertragen? Wer weiß, ob ich dann Jesus treu bliebe?! Darum laßt uns einen Augenblick still um Jesu Kraft bitten für die vielen Tausende, die jetzt irgendwo in den Kellern und Verliesen gefoltert und zu Tode gequält werden.

Stille

Schuldbekenntnis
Wir ziehen jetzt vor das Kreuz, vor den, der sich für uns ans Kreuz hat schlagen lassen, und bekennen ihm, daß wir so vieles falsch gemacht haben...

Vergebungsbitte: siehe Anhang 2

Aktion
Als Zeichen dafür, daß wir mit unseren Gedanken, Worten und Händen nicht mehr so viel schlagen, zerschlagen und auch nicht mit den Füßen treten, brechen wir jetzt unsere Rute in der Mitte durch. (Die Kinder werden dabei Schwierigkeiten haben: Das bitte aufgreifen und deuten: Sich helfen lassen; alleine ist es fast unmöglich, andere Wege als Drauflosschlagen zu gehen.) Mit dem Faden binden wir jetzt aus den beiden Teilen ein Kreuz.
Aus Zerschlagenem, aus Bruchstücken kann wieder etwas ganz Neues wachsen oder entstehen: Gott kann auf krummen Zeilen gerade schreiben = auch etwas Schlimmes kann seine guten Seiten haben.

Lesung
Jesus ist an diesem Zeichen des Kreuzes gestorben, um alles zu vereinen: Eph 2, 13–17a (durch Christi Tod kam Frieden).

Vorsatz
Wir überlegen still, an welcher Stelle ich Zerschlagenes wieder heil machen will.

Stille

(Kanon: Herr, gib uns deinen Frieden)

Friedensgruß – Segen

Entlaßgruß
Nimm das Kreuz mit nach Hause. Du kannst es in Wasser setzen, dann wirst du sehen, wie am Längsbalken Blätter sprießen: Sie sollen dich an deine guten Vorsätze erinnern!

21 Macht Frieden möglich!

(Bußfeier mit dem gleichlautenden Aufkleber)

Vorbereitung

Jedes Kind erhält den Aufkleber „Macht Frieden möglich", der für ca. 50 Pf bei der Pax-Christi-Bewegung bestellt werden kann: Windmühlenstr. 2, 60329 Frankfurt/M.

Wem dieser Aufkleber zu teuer ist (die Kinder sind allerdings sehr dahinter her), der kann auch einen großen Regenbogen als Puzzle legen lassen: Jedes Kind bekommt einen Teil (für das Zusammenlegen beim Friedensgruß ist die Orientierung an den Farben hilfreich), auf den es nach der Gewissenserforschung ein Wort oder einen Vorsatz zum Frieden schreiben kann. In diesem Fall kann der Punkt 1) der Gewissenserforschung wegfallen.

Lied – Persönliche Begrüßung

Gebet

Herr, unser Gott. Wir haben uns vor dir versammelt. Sende uns deinen Heiligen Geist. Er soll uns die Augen öffnen für so viel Leid und so viele Tränen in der Welt. Und er soll uns zeigen, was wir tun können, damit wieder mehr Freude und Friede entstehen können. Darum bitten wir durch Christus, unseren Herrn.

Gewissenserforschung – Meditation

Wir sehen uns den Aufkleber einmal genauer an. Du kannst ihn später auf dein Fahrrad, deine Tür oder deinen Schulranzen kleben, damit alle sehen

können: Du bist für den Frieden! – Du siehst eine Rose, die aus einem Stacheldraht wächst. Eine solche Rose ist nach dem zweiten Weltkrieg an einem Konzentrationslager (erklären!) aufgestellt worden. Sie soll sagen: Wir hoffen, daß aus all den furchtbaren Leiden in dieser Hölle doch etwas Gutes für alle Menschen gewachsen ist. Und wir danken für all die Liebe, die es hier trotzdem noch gegeben hat.
„Macht Frieden möglich!“ auch wenn euch das Böse und die Gewalt ins Gesicht schlagen. Wir wollen jetzt überlegen, wie solch ein Frieden möglich wird.
(Bitte auswählen und mit Liedern unterbrechen!)

1. VERZEIHEN
Folgende Geschichte zeigt uns eine Haltung, die wir noch nicht schaffen; aber wir sollen ja Ausschau halten, was alles möglich ist:
„Kurzgeschichten 2“, Nr. 134: Sie verneigten sich.
(Inhaltsangabe: Ein KZ ist von den Siegermächten befreit. Die Peiniger stehen gefesselt da mit einer Tafel auf der Brust. Jeder „Häftling“, der gesehen oder erlebt hat, wie einer gefoltert oder getötet hat, soll jetzt auf der Tafel einen Strich machen. – Da treten polnische Priester heran. Sie klagen niemanden an, ja, sie verneigen sich vor jedem! So ist ein neuer Anfang möglich.)

Oder: „Kurzgeschichten 1“, Nr. 158: Das Zeichen der Versöhnung, (Gandhi verzeiht seinem Mörder.)

Oder: Nr. 159: Gewaltlosigkeit, (Die gewaltlose Antwort des bettelnden Priesters. Inhaltsangabe s. S. 141).

• Wie wäre deine Antwort gewesen? Was tust du, wenn dir Unrecht geschieht? Hast du schon einmal einen Weg gefunden, der nicht wieder neue Angst und neue Gewalt hervorruft? Wie würde Jesus sich verhalten?

2. SICH KLEINER MACHEN
Du sollst nicht alles schlucken, wenn dir Unrecht geschieht. Aber der Weg der Rache ruft nur wieder neue Tränen hervor. Es ist einfach, sofort zurückzuschlagen. Es ist schwieriger, einen Weg zu finden, der den Teufelskreis durchbricht. Je größer du wirst, um so wichtiger ist es, einen solchen Weg zu suchen. Höre das folgende Beispiel – da wurde ein solcher Weg gefunden:
Der spätere hl. Pfarrer von Ars war ein Kreuz für seine Lehrer. Noch mit 21 Jahren bekam er zusammen mit Zwölfjährigen Nachhilfeunterricht. Als ihn ein Zwölfjähriger einmal vor allen Schülern ohrfeigt, weil er rein gar nichts

versteht, schlägt Vianney nicht zurück. Er kniet sich vor den Jungen hin und sagt: „Verzeih mir; entschuldige, daß ich so dumm bin!"
„Kurzgeschichten 1", Nr. 118: Entschuldige, daß ich so dumm bin.
Stille

Text
(Wir legen den Aufkleber mitten in unsere geöffneten Hände. Wir schauen in die Hände, die zur Schale geformt sind, und hören zu.)
Herr, mit diesen Händen kann ich streicheln und – zuschlagen.
Mit diesen Händen kann ich Halt geben und – wegstoßen.
Mit diesen Händen kann ich Beifall klatschen und – zerreißen.
(Helft mir bitte weiter: Was kann ich noch alles mit meinen Händen?...) Zum Schluß:
Jesus Christus: Mach' meine Hände zu Werkzeugen des Friedens. Mach' meine Hände zu deinen Händen!

3. DER KLÜGERE SEIN
„Kurzgeschichten 1", Nr. 169: Die beiden Böcke.
(Inhaltsangabe: Zwei Böcke begegnen sich auf einem schmalen Steg über einem reißenden Bergbach. Beide wollen hinüber und geraten in heftigen Streit, wer zuerst darf. Bis sie mit gesenkten Köpfen aufeinander zustampfen und – beide vom Zusammenstoß das Gleichgewicht verlieren und in den Bach fallen.)
- Warst du auch schon wie so ein ungeduldiger Bock und hast anschließend gemerkt: Mit etwas Nachdenken und Nachgeben wärest du weiter gekommen? Was hast du in Wutanfällen schon alles angerichtet oder zerstört? Hast du versucht, es wiedergutzumachen? Wie würde Jesus sich verhalten?

Stille

4. VORURTEILE BESEITIGEN
„Kurzgeschichten 1", Nr. 141: Der Axtdieb.
(Inhaltsangabe: Ein Mann hat seine Axt verloren und verdächtigt den Sohn des Nachbarn, sie gestohlen zu haben. Mit diesem Verdacht in den Augen sieht der Nachbarssohn auch wirklich wie ein Dieb aus – bis er die Axt zufällig wiederfindet.)
- Verdächtigst du auch sofort andere, gestohlen zu haben, wenn du in deiner Unordnung etwas verlegt hast? Hast du schon einmal einen Klassenkameraden des Diebstahls verdächtigt – nur einfach so – und das auch noch weitererzählt? Hast du den Schaden wiedergutmachen können? Wehrst du dich, wenn dir einer einen Verdacht ohne gute Gründe weitererzählt? – Viele Vorurteile, z. B. gegenüber ausländischen Mitbürgern rühren daher, daß sie

nur aus der Entfernung angeschaut und beurteilt werden. Hast du dich schon in ihre Rolle hineingedacht? Warum stehen manche in der Klasse so ganz am Rande? Wie würde Jesus sich verhalten?

5. *FREUNDSCHAFT SCHLIESSEN*

„Kurzgeschichten 2", Nr. 135: „Die Brücke", (oder Vorlesebuch Religion, Bd 1, S. 86f)

(Inhaltsangabe: Zwei verfeindete Kinder bauen nach einem Gewitter durch eine Wasserpfütze einen Steg aufeinander zu und schließen wieder Freundschaft. – Diese Geschichte kann auch pantomimisch gespielt werden.)

Oder: „Kurzgeschichten 2", Nr. 132: Zu Freunden gemacht.
(Inhaltsangabe: Ein chinesischer Kaiser hat seine Feinde vernichtet, indem er sie zu – Freunden machte.)

- Hast du Freunde? Warum hast du keine Freunde? Versöhnst du dich nach einem Streit immer schnell oder bist du nachtragend? Hast du schon einmal versucht, mit denen, die du nicht leiden kannst, zu spielen? Hast du schon einmal einen „Feind" zu deiner Geburtstagsparty eingeladen – warum nicht? Wie würde Jesus sich verhalten?

(Evtl. Lk 14, 12–14: Von den richtigen Gästen.)

Text

I: Du möchtest für den Frieden demonstrieren.
Aber du führst Krieg mit deinen Geschwistern.

II: Du schreibst „Peace" auf die Jacke oder die Tafel.
Und im nächsten Moment machst du Lehrer fertig.

I: Du schimpfst über deine Eltern, weil sie dir nicht den Willen lassen.
Und gehst ins Zimmer deines Bruders, um ihn für eine Kleinigkeit zu ohrfeigen.

II: Überall wird vom Frieden gesprochen.
Aber in deinem Herzen ist noch Krieg?

I: Zerbrechlich wie eine Seifenblase ist der Friede.
Heilen deine Worte und Hände?

II: Gott braucht dich. Jeden von uns: Als Werkzeug seines Friedens.
Darum: Sprechen wir nicht so schöne Sprüche! Fangen wir an!

Stille

Lesung

„Wie würde Jesus sich verhalten?" hieß es immer wieder. Er ist ja unser Meister und Vorbild. Darum wollen wir jetzt auf ihn schauen, was er gesagt und vorgelebt hat: Lk 23, 33–34 (Vater, vergib ihnen)
oder Joh 13, 3–15 (Fußwaschung)

Flötenspiel / Lied

Schuldbekenntnis – Vergebungsbitte – Friedensgruß – Segen:
siehe Anhang 2–5

Entlaßgruß
Nimm den Aufkleber als Andenken mit und klebe ihn an eine Stelle, wo er dich oft daran erinnern kann: „Mach' Frieden möglich!"

Danklied

Hinweise
1. Da der Aufkleber auch bei Erwachsenen sehr begehrt ist, sollte es nicht schwerfallen, diese Bußandacht auch auf Erwachsene zu übertragen. Dann allerdings sollte der stellvertretende Sühnegedanken in den Vordergrund gerückt werden, wie er uns etwa in den „Heiligen" Edith Stein, Janusz Korczak, Dr. Haass, Pfr. von Ars vor Augen steht. Siehe Bußfeier „Heiligmäßige Menschen".
2. Vgl. mit dieser Bußfeier auch die Gedanken zur Haltung des Friedens in der Bußfeier mit der Friedenstaube.

22 Gemeinsam sind wir stark

(Bußfeier mit einer Fahrradspeiche)

Vorbereitung
Am Altar ist ein Rad eines Fahrrades gut sichtbar aufgestellt. – Jedes Kind erhält zusätzlich eine Radspeiche in die Hand.

Lied

Persönliche Begrüßung
Darin: Jeder von uns weiß, wenn an einem Rad meines Fahrrades die eine oder andere Speiche fehlt, dann ist das noch nicht tragisch. Aber wenn sehr viele fehlen, was kann dann passieren? (Es fährt nicht mehr weiter, es bricht.) Wir haben uns hier vor Gott versammelt, um darüber nachzudenken, ob wir wie eine gute Speiche im Rad Gottes und unserer Mitmenschen sind; eine Speiche, die festsitzt und auf die andere sich verlassen können. So lasset uns beten:

Gebet
Komm, Geist Gottes, hilf uns jetzt, all unsere guten Seiten und auch unsere Fehler klarer zu erkennen. Damit wir wissen, wo wir uns richtig verhalten, aber auch merken: Hier muß ich mich ändern. Darum bitten wir durch Christus, unseren Herrn.

Gewissenserforschung – Meditation:

1. GEEINT SIND WIR STARK
„Kurzgeschichten 1", Nr. 216: Die sieben Stäbe.
(Inhaltsangabe: Ein alter Vater zeigt seinen zerstrittenen Söhnen an einem Bündel Stäbe: Zusammengebunden sind sie nicht zu brechen, aber einzeln sind sie leicht zu zerstören. Darum: Haltet zusammen.)
Ähnlich: „Kurzgeschichten 1", Nr. 215: Die Macht der Schneeflocken. (Eine einzelne Schneeflocke ist machtlos. Millionen Schneeflocken können einen Schnellzug aufhalten.)
• Sage ich sehr oft „Ich habe keine Lust" und zerstöre so die Gemeinschaft beim Spielen? Drücke ich mich zu Hause bei Gemeinschaftsarbeiten wie Spülen, Einkaufen, Aufräumen...? Wollte ich in der Gemeinschaft beim Sport (Fußball etc.) eine besondere Rolle spielen, und als sie mir nicht

zugestanden wurde, habe ich mich schmollend zurückgezogen? Bin ich eine „gute Speiche“ im „Rad“ der Ministranten, der Singschola etc.? Kann man sich auf mich verlassen? – Auch sonntags beim Gottesdienst kommt es auf mich an. Wenn zu viele fehlen, macht es weniger Freude. War ich zu faul, aufzustehen? Was muß ich ändern? Denn nur gemeinsam sind wir stark!

Stille

2. JEDER HAT ANDERE AUFGABEN
„Kurzgeschichten 1“, Nr. 217: Der Blinde und der Lahme.
(Inhaltsangabe: Der Blinde nimmt den Lahmen auf die Schulter, und so können sie dem Waldbrand entkommen.)
Oder die Geschichte „Frederick“ von L. Lionni, Gertraud Middelhauve Verlag, Köln.
(Inhaltsangabe: Während die anderen Feldmäuse im Herbst emsig Körner, Nüsse, Weizen und Stroh für den langen Winter zusammentragen, liegt Frederick da und „sammelt“ ganz andere Dinge: Sonnenstrahlen, Farben und gute Wörter. Damit „nährt“ Frederick im bitteren Winter die Mäusefamilie, als alle Vorräte aufgeknabbert sind.)
• Habe ich zu Hause geschimpft, wenn die älteren Geschwister schon andere Rechte (und Pflichten) wahrnehmen durften? War ich neidisch, wenn mein Klassenkamerad eine besondere Aufgabe vom Lehrer aufgetragen bekam? War ich beleidigt, wenn mein Sportkamerad (oder Mitministrant) etwas Ehrenvolleres tun durfte? Versuche ich zu verstehen, daß jeder andere Fähigkeiten hat und er deshalb anderes einbringen darf, damit das Ganze gelingt?

Lesung

Wir hören eine Stelle aus einem Brief, den der Apostel Paulus schrieb, in dem er ähnliche Gedanken den Erwachsenen sagt:
1 Kor 12, 14–17.21.26.27 (viele Teile, aber ein Leib: Christi Leib).
(Am Rad wird die Nabe, die Mitte, gezeigt, in der alle Speichen zusammenlaufen und festgehalten sind.)

Text

I: Wenn Jesus wirklich unsere Mitte ist, dann soll jeder spüren können: Wir lassen jeden – ohne neidisch zu sein – seine besonderen Fähigkeiten einbringen. Denn jede Speiche ist wichtig, damit das Ganze gelingt. Wir wollen sogar die Schwachen und Zerbrechlichen unter uns stark machen.

II: Wenn Jesus wirklich unsere Mitte ist, dann können wir uns kräftig auseinandersetzen, aber nicht heillos zerstreiten.

I: Wenn Jesus wirklich der Wichtigste ist, dann will ich nicht der Größte sein und laufend bestimmen; dann bin ich nur einer unter vielen. Dann soll auch Jesus im Mittelpunkt stehen.

II: Wenn Jesus wirklich unsere Mitte ist, dann sollen die Jungen und Mädchen draußen spüren, daß wir hier einander gern haben; sie sollen nachdenklich werden und gerne zu uns gehören wollen.

Flötenspiel / Lied

3. MITEINANDER VERBUNDEN SEIN

„Kurzgeschichten 2", Nr. 173: Der zerteilte Rosenkranz.

(Inhaltsangabe: Bevor eine Studentenführerin um ihres Glaubens willen ins Gefängnis muß, läßt sie jeder ihrer Mitstudentinnen eine Perle ihres Rosenkranzes zukommen mit der Bitte um ein Gebet in den schweren Stunden. Aber sie wird schwach und verleugnet ihren Glauben. Da knüpfen die Studentinnen die Perlen wieder zum Rosenkranz zusammen und schicken ihn der ehemaligen Führerin zu. Das trifft sie so tief, daß sie neu den Glauben an Jesus findet.)

(Am Rad vorne wird demonstriert: Über die Nabe, über Christus, ist jede Speiche mit den anderen verbunden. Wir können über Jesus für jeden anderen Christen, ja Menschen bitten und beten.)

• Bete ich dafür, daß Vater und Mutter sich gut verstehen? Bete ich für meine(n) kranke(n) Schwester/Bruder oder wünsche ich nur gute Besserung? Habe ich Jesus schon um eine gute Gemeinschaft in der Schule oder im Verein gebeten? Wenn ich in der „Tagesschau" oder „Heute"-Sendung Unglück und Not sehe, habe ich dann auch schon über unsere Mitte Jesus um Mut und Hoffnung für so viele Leidende gebetet?

Lesung

Wir hören Worte von Jesus selbst, in denen er uns sagt, warum wir ihn um alles bitten dürfen:

Joh 15,1.4.5.7 (Weinstock – Reben)

Stille

Lied

Schuldbekenntnis – Vergebungsbitte – Segen: siehe Anhang 2 und 5

Entlaßgruß

Nimm die Speiche als Andenken mit nach Hause. Vielleicht biegst du dir etwas Schönes daraus. Aber wenn du sie siehst, dann denke auch an das Rad hier vorne: Jeder ist wichtig – wir sollen zusammenhalten – Jesus, unsere Mitte, will uns alle festhalten – in ihm sind wir untereinander verbunden.

Danklied

IV. Anhang

ANHANG 1

Hinführung (Bußakt)

Vorbemerkungen

a) Die Texte sind auf ein Minimum gebracht, um einer Wortüberflutung zu entgehen. Entscheidend ist jetzt aber immer noch, daß der Vorbeter zwischendurch die Stille sprechen läßt.
b) Wenn Sie diese Texte in der Messe als Hinführung zum Bußakt verwenden wollen oder als Denkanstöße zur Besinnung, kann der Priester nach den Impulsen fortfahren: So laßt uns Christus um sein Erbarmen anrufen: Herr, erbarme dich...

1. Menschen, die aus der Hoffnung leben, sehen weiter.
   Menschen, die aus der Liebe leben, sehen tiefer.
   Menschen, die aus dem Glauben leben,
   sehen alles in einem anderen Licht. So laßt uns...
2. Täglich neu anfangen unter so vielen Hoffnungslosen.
   Täglich lachen können unter so vielen Traurigen.
   Täglich ein Herz haben unter so vielen Unbarmherzigen. So laßt uns...
3. Ich möchte Leuchtturm sein in Nacht und Wind
   für jedes Boot –
   und bin doch selbst ein Schiff in Not.
   Ich möchte Hafen sein in Sturm und Not für jedes Schiff –
   und lief doch selbst längst auf ein Riff.
   Ich möchte Festland sein im Wellengang, ein Deich im Meer –
   und schwanke selbst doch hin und her. So laßt uns...
4. Suchende sind wir, Herr. Schenke uns Sinn für unser Leben.
   Tastende sind wir, Herr. Nimm uns an deine Hand.
   Wartende sind wir, Herr. Laß uns hören in der Stille dein Wort.
   So laßt uns...
5. So satt waren wir nie wie heute –
   aber auch noch nie so unersättlich.
   So eng aufeinander wohnten wir Menschen nie wie heute –
   aber auch noch nie so weit weg voneinander.
   So versichert waren wir nie wie heute –
   aber auch noch nie so unsicher. So laßt uns...
6. Was nützen uns schnelle Autos,
   wenn wir die Richtung nicht kennen?
   Was nützt uns das volle Konto,
   wenn wir nach Liebe hungern?

Was nützen Umweltprogramme,
wenn sich die Herzen nicht umkehren? So laßt uns...

7. Wir sind böse auf den Kratzer am Auto –
täglich reißen Autos Dutzende in den Tod.
Wir mögen das Essen nicht –
Millionen stieren auf leere Teller.
Wir schimpfen über das Wetter –
während Unzählige gefoltert werden. So laßt uns...

8. Wohnt der Herr nicht in uns, herrschen die Triebe.
Lenkt der Herr nicht unser Leben,
laufen wir ständig im Kreis.
Bleibt der Herr nicht der wirkliche Herrscher dieser Welt,
wird sie zur Hölle. So laßt uns...

9. Täglich neu anfangen unter Lebensmüden.
Täglich verschenken unter so vielen Hartherzigen.
Täglich glauben unter so vielen Gleichgültigen. So laßt uns...

10. Niemals die einen gegen die andern.
Niemals die einen über die andern.
Niemals die einen ohne die andern. So laßt uns...

11. Müde und entmutigt stehen jetzt viele vor dir.
Nimm uns an – trotz unserer Schuld und Sünde.
Gib uns Mut, umzukehren. So laßt uns...

12. Die Worte Christi können mich prägen.
Die Liebe Christi kann mich durchströmen.
Der Auferstandene kann mich erlösen. So laßt uns...

13. Selbst gebrochen sein – und doch noch als Halt dienen.
Selbst ratlos sein – und doch noch raten müssen.
Selbst Angst haben – und doch noch Vertrauen ausstrahlen.
So laßt uns...

14. Sich in die Hände Gottes fallen lassen –
und doch mit allen Kräften wirken.
Auf Gott vertrauen – und doch alles planen.
Sich hingeben – und so erst finden. So laßt uns...

15. Menschen haben viele Fragen.
Manche haben schwer zu tragen.
Menschen spüren ihr Versagen.
Du hilfst, unsere Last zu tragen.
Menschen zweifeln und verzagen.
Hilf uns, ihre Last zu tragen. So laßt uns...

16. Kann ich Christus nachfolgen,
wenn ich das Leiden ausklammern will?

Kann ich Christus finden, ohne ein Kreuz zu tragen?
Kann ich Christus erreichen,
ohne täglich meinen Egoismus zu bekämpfen? So laßt uns...

17. Du, Gott, hinter uns: Kraft, die alles hervorbringt.
Schenke uns Entfaltung!
Du, Gott, in uns: Kraft, die alles durchdringt.
Schenke uns Verwandlung.
Du, Gott, vor uns: Kraft, die alles vorantreibt.
Schenke uns Vollendung. So laßt uns...

18. Wir haben uns den Maßstäben dieser Zeit angeglichen.
Wir waren eher Funzeln als Lichter.
Wir sind schal geworden durch Lauheit und Gleichgültigkeit.
So laßt uns...

19. Täglich wahr sein unter Lügnern.
Täglich verzeihen unter Feinden.
Täglich die Angst verlieren vor so vielen Mächten. So laßt uns...

20. Zu sich finden – ohne sich zum Mittelpunkt zu machen.
Beten können – ohne weltfremd zu werden.
Loslassen können – ohne einen fallen zu lassen. So laßt uns...

21. Man nimmt uns das Vertrauen zu Gott –
und gibt uns Versicherungen.
Man verlängert unser Leben –
und verkürzt unser Dasein.
Man dehnt täglich das Oberflächliche aus –
und erschwert uns den Zugang zur Tiefe. So laßt uns...

22. Ohne festen Glauben zittern wir in den Veränderungen
unseres Lebens.
Ohne das weite Herz streiten wir kleinlich um Nichtigkeiten.
Ohne große Sicherheiten wagen wir keinen Schritt
in Geheimnisse. So laßt uns...

23. Wir haben Angst, „Nein" zu sagen.
Wir sind zu weich, umzukehren.
Wir fürchten uns, allein zu stehen. So laßt uns...

24. Nichts verdrängen.
Sich Zeit lassen.
Still werden... – So laßt uns...

25. Das unabänderliche Leid zulassen.
Um Probleme ringen.
Um Erkenntnis beten. So laßt uns...

26. Alles Einengende loslassen.
Sich weit öffnen.

Den Frieden Gottes erwarten.
So laßt uns...

27. Abgehetzt und leer stehen wir vor dir.
Unzufrieden und ohne rechten Halt halten wir Ausschau.
Ehrgeizig und auf Leistung getrimmt,
sehen wir oft in die falsche Richtung. So laßt uns...

28. Die Nebel werden dichter.
Die Zweifel wachsen.
Die Welt wird kälter. So laßt uns...

29. Wieder staunen können.
Wieder sehen lernen.
Wieder zu beten anfangen. So laßt uns...

30. Erkennen, daß wir Werkzeug sind.
Ja dazu sagen, gebraucht zu werden.
Unsere Hand in Seine Hand legen. So laßt uns...

31. Einander das Wachsen erlauben.
Einander das Verändern erlauben.
Einander das Neu-Anfangen erlauben. So laßt uns...

32. Von neuem ja zum Leben sagen.
Das Leben als Tag und Nacht erkennen.
Sich immer wieder herausfordern lassen. So laßt uns...

33. Von neuem Geduld haben.
Von neuem dem Nächsten begegnen.
Von neuem täglich Kreuz und Erlösung annehmen. So laßt uns...

34. Wir rufen uns ins Gedächtnis:
Einer geht mit.
Einer trägt mit.
Einer will durch uns lieben. So laßt uns...

35. Wir stehen vor dir:
Tüchtig, aber oft herzlos.
Gescheit, aber oft unzufrieden.
Reich, aber oft leer. So laßt uns...

36. Wir stehen vor dir:
Angefüllt mit tausend Gedanken und Dingen,
die keine Klarheit zulassen.
Ausgefüllt mit Terminen, die uns den Überblick nehmen.
Unerfüllt im Herzen,
weil die Richtung zum wirklichen Leben fehlt. So laßt uns...

37. Gott zerbricht nicht das geknickte Rohr.
Gott löscht nicht den glimmenden Docht.
Gott hält die Tür seiner Barmherzigkeit offen. So laßt uns...

38. Uns jetzt loslassen aus aller Verkrampfung.
Uns jetzt öffnen für unsere Mitte.
Jetzt einswerden mit dir, der uns tragen will. So laßt uns...
39. Vertrauen – aber wem?
Leben – aber wozu?
Geben – aber wieviel? So laßt uns...
40. Die Schwachen verstehen – den Starken nachfolgen.
Nicht auf halbem Weg stehenbleiben –
das Ziel im Auge haben.
Nicht „Jein“ sagen – die Wahrheit versuchen. So laßt uns...
41. Die Christen erkennt man an ihrem Lesestoff.
Die Christen erkennt man an ihrer Freude.
Die Christen erkennt man in ihrer Trauer. So laßt uns...
42. Wir sind oft ungeduldig – einer erträgt alles.
Wir sind oft untreu – einer steht zu seinem Wort.
Wir möchten oft nicht mehr weiter –
einer hält seit Ewigkeit durch. So laßt uns...
43. Fragen – aber wie lange?
Glauben – aber was?
Leiden – aber warum? So laßt uns...
44. Herr, hier stehen:
Überzeugte neben Zweifelnden.
Aufmerksame neben Gelangweilten.
Dankbare neben Verbitterten. So laßt uns...
45. Wenn alle zweifeln, wagt zu glauben.
Wo alle geizen, wagt zu schenken.
Was keiner anfängt, wagt es doch! So laßt uns...
46. Geheimnis über uns –
größer als alle Macht der Menschen.
Geheimnis unter uns –
ohnmächtiger als der schwächste Mensch.
Geheimnis in uns –
uns näher als der liebste Mensch. So laßt uns...
47. Wer unzufrieden ist, gehe mit durch ein Krankenhaus!
Wer sich nicht anerkannt fühlt, überlege:
Richte ich denn andere auf?
Wer enttäuscht ist, frage:
Ist nicht alles Geschenk? So laßt uns...
48. Selbst wenn wir uns abwenden, wendet Gott sich uns zu.
Gott schreibt selbst auf krummen Zeilen gerade.
Gott kann aus Leid Segen machen. So laßt uns...

49. Du gabst uns Augen –
aber wir sehen uns oft nur selber.
Du gabst uns Hände und Füße –
aber wir setzen sie oft nur zu unserem Nutzen ein.
Du gabst uns Liebe –
aber wir umarmen uns oft nur selbst. So laßt uns...
50. Jeder Stich mit spitzer Zunge trifft am Ende mich selbst.
Jede Schlinge, die ich lege,
ist mir am Ende selbst im Wege.
Jedes kalte Wort läßt am Ende auch Eis in mir zurück. So laßt uns...
51. Ein Glück, daß wir sehen können.
Ein Glück, daß wir denken können.
Ein Glück, daß wir verschenken können. So laßt uns...
52. Wir denken nur an dich, wenn wir gerade das Bedürfnis haben.
Wir speisen dich ab mit Resten und Notzeiten.
Wir glauben an dich, aber nur ja keine Konsequenzen!
So laßt uns...
53. Statt über die Konsumgesellschaft zu schimpfen –
mich selbst einschränken.
Statt viel von Menschenrechten zu reden –
mich der Außenseiter annehmen.
Statt hundert gute Vorsätze auszudenken –
eine gute Tat versuchen. So laßt uns...
54. Aus der Regel des hl. Benedikt:
Der Liebe zu Christus nichts vorziehen.
Alle Hoffnung auf Gott setzen.
An Gottes Barmherzigkeit niemals verzweifeln. So laßt uns...
55. Was sind wir wenige, die hoffen wollen,
gegen so viel Verzweiflung?
Was sind wir wenige, die heilen wollen,
gegen so viel Vernichtung?
Was sind wir wenige, die nicht verurteilen wollen,
gegen so viele Richter? So laßt uns...
56. Die wichtigste Stunde ist immer die Gegenwart.
Der bedeutendste Mensch ist immer der,
der dir gerade gegenübersteht.
Das notwendigste Werk ist immer die Liebe. So laßt uns...
57. Du hast niemanden etwas angetan? Auch nicht das Gute?
Du hast niemanden umgebracht? Auch nicht um seinen guten Ruf?
Du hast niemanden betrogen? Auch nicht um seine Hoffnung,
in dir die Nähe Gottes zu erfahren? So laßt uns...

58. Täglich denke ich so viele Stunden nicht an dich.
Doch manchmal spüre ich dich sekundenlang.
Dann denke ich wieder stunden- und tagelang nicht an dich.
So laßt uns...

59. Jetzt zur Ruhe kommen. Damit meine Seele nicht verhungert.
Jetzt die Richtung suchen. Damit ich die Mitte finde.
Jetzt mein Herz erheben. Damit ich mich weiter entfalte. So laßt uns...

60. Siebenmal am Tage unterlasse ich das Gute.
Siebenmal verzeiht mir Gott, wenn es mir leidtut.
Siebenmal am Tage laß auch mich verzeihen. So laßt uns...

61. Kauft, Leute, kauft! Kauft Fußmatten,
weil wir in so vieles hineingetreten sind.
Kauft, Leute, kauft! Kauft Seife,
weil wir uns von so vielem reinwaschen müssen.
Kauft, Leute, kauft! Kauft Brillen,
weil wir so vieles nur verschwommen sehen. So laßt uns...

62. Ich habe deine Liebe und gebe sie zu selten weiter.
Ich kenne die Wahrheit und sage sie so oft nicht.
Ich glaube an dich und vertraue dir doch nicht wirklich.

63. Ich glaube an die Sonne, auch wenn sie nicht scheint.
Ich glaube an die Liebe, auch wenn ich sie nicht spüre.
Ich glaube an dich, Gott, auch wenn ich dich nicht sehe. So laßt uns...

64. Wir glauben, Jesus nahe zu sein
und sind ganz weit von ihm entfernt.
Wir drehen Jesus manchmal den Rücken zu
und wissen nicht, wie nahe er uns ist.
Wir lehnen Jesus manchmal ab
und sind doch von ihm gehalten. So laßt uns...

65. Laßt uns umkehren, sonst ändert sich nichts.
Laßt uns hinsehen, sonst entgeht uns das Wichtigste.
Laßt uns die Öffnung versuchen, sonst bleibt uns
Gott verborgen. So laßt uns...

66. Wir haben nichts gegen die anderen –
aber auch nichts für sie.
Wir streiten uns nicht mit anderen herum –
versuchen aber auch nicht, sie zu Freunden zu machen.
Wir zweifeln nicht an Gott –
behandeln ihn aber oft wie Luft. So laßt uns...

67. Jesus, deine Spuren sind verweht im Sand der Zeit.
Aber deine Worte sollen mich treffen.
Jesus, deine Züge sind verwittert mit der Zeit.

Aber in deinen Freunden will ich sie finden.
Jesus, deine Diener sagen nur noch wenig in unserer Zeit.
Aber wir suchen mehr denn je nach einem Sinn. So laßt uns...

68. Ich kann die Welt ein Stück heller machen.
Ich kann die Welt ein Stück verwandeln.
Ich kann an der besseren Zukunft mitarbeiten. So laßt uns...

(Viele Gedanken von Martin Gutl, Lothar Zenetti, Alois Albrecht, Josef Dirnbeck, Wilhelm Willms, H. O. Wiemer, Meister Eckhart, Wolfgang Borchert u. a. sind hier eingeflossen.)

ANHANG 2

Schuldbekenntnis und Vergebungsbitte

Schuldbekenntnis

Hier nehmen wir das allgemeine Schuldbekenntnis aus dem Bußakt der Messe (GL 353,4): Ich bekenne...

oder: GL 56,5: Bekenntnis

oder: GL 57,4: Bekenntnis

Vergebungsbitte

Wir nehmen in der Regel die alte Vergebungsbitte, die früher unmittelbar vor dem Kommunionempfang stand:
Der allmächtige Gott erbarme sich unser.
Er lasse uns die Sünden nach und führe uns zum ewigen Leben.

oder:

1. Weil Gottes Liebe keine Grenzen kennt und er euren Willen zur Umkehr sieht, erbarmt er sich euer. Der allmächtige Gott lasse euch die Schuld nach und führe euch ins ewige Leben.
2. Wer in dieser Bußfeier ehrlich seine Schuld eingesehen und bekannt hat, dem schenkt Gott sein Erbarmen. Er befreie euch von all eurer Schuld und gebe euch die Kraft, auch euren Nächsten zu vergeben und so Gottes Güte zu verkünden.
3. Jesus Christus ist gestorben und auferstanden, um uns zu erlösen. Er kam nicht, um die Welt zu richten, sondern zu retten. Er schenkt uns jetzt in der Gemeinschaft seiner Kirche Vergebung und Frieden.
4. Gott spricht: „Ich schenke euch ein neues Herz und gebe euch einen neuen Geist. Ich nehme das Herz von Stein aus eurer Brust und gebe euch ein Herz aus Fleisch" (Ez 36,26). Im festen Glauben daran, daß dieses Wort jetzt an uns Wirklichkeit wird, bitten wir um das herzliche Erbarmen Gottes: Der allmächtige Gott...(s. o.)
5. Wenn auch unser Herz uns anklagt, Gott ist größer als unser Herz. Er weiß alles. In seinem Namen darf ich sprechen: Der allmächtige Gott...(s. o.)
6. „Wenn wir unsere Schuld bekennen, ist Gott treu und gütig. Er vergibt uns die Sünden und reinigt uns von jedem Unrecht." (1 Joh 1,9) So erbarme sich unser der allmächtige Gott...

7. *Indem der Priester durch die Kirche zieht und alle mit geweihtem Wasser besprengt (= Asperges), betet er laut:* Mit diesem Wasser, aus dem alles erschaffen worden ist; mit diesem Wasser, das reinigt, was beschmutzt ist; mit diesem Wasser besprenge ich euch: Wasser der vergebenden und heilenden Kraft Gottes.

ANHANG 3

Bitten

Um einer Wortüberflutung entgegenzuwirken, beten wir hier – falls die Bitten nicht ganz wegfallen – gemeinsam ein Bittgebet. Dazu eignen sich im Gotteslob:

GL 4,2–4: Um Glaube, Hoffnung, Liebe
GL 4,6: Um Heiligen Geist
GL 6,6: Wachse, Jesus, wachse in mir
GL 8,1: Bitte und Vertrauen
GL 8,2: Herr, laß das Böse geringer werden
GL 18,7: Bleibe bei uns, Herr
GL 29,3: Herr, öffne meine Augen
GL 29,6: Herr, mach mich zum Werkzeug...
GL 31,1.2 (3.4): Verantwortung für die Welt
GL 57,7: Bitte um Kraft zur Vergebung

Es ist auch immer wieder eine anregende Aufgabe, einen Kreis der Gemeinde zu einem gestellten Thema solch ein Gebet entwerfen zu lassen, z. B. zum Thema „Frieden“:

Herr, laß die Mächtigen dieser Welt einander mehr die
Hände reichen als die Fäuste ballen.
Nimm das eisige Schweigen zwischen den Fronten:
zu Hause und am Verhandlungstisch.
Herr, hilf uns Brücken bauen und Mauern einreißen.
Gib uns den Mut zum ersten Schritt.

Hier sollte allerdings darauf eingewirkt werden, daß nicht zu viele Bitten „für uns“ lauten: Wir sollen auch immer über den Horizont der Gemeinde hinausschauen.

Dankpsalm

Wenn er nicht durch ein Danklied ersetzt wird oder ganz fortfällt, eignen sich folgende Gotteslob-Psalmen:
GL 83 (Ps 103) Der gütige und verzeihende Gott
GL 89 (Benedictus) Gepriesen sei der Herr
GL 712 (Ps 18) Danklied des Königs
GL 718 (Ps 23) Der Herr ist mein Hirte
GL 719 (Ps 27) Gemeinschaft mit Gott
GL 721 (Ps 32) Freude über die Vergebung
GL 758 (Ps 145 B) Aller Augen warten auf dich
GL 759 (Ps 146) Gott, Herr und Helfer
GL 788 Dank für Gottes Güte

Danklieder im Gotteslob: GL 257–287.

ANHANG 5

Segen

1. Der Herr segne und behüte euch.
   Er lasse sein Angesicht über euch leuchten und sei euch gnädig. Er schaue auf euch und schenke euch seinen Frieden. Das gewähre euch der dreieinige Gott, der Vater, der Sohn und der Heilige Geist.
2. Gott schenke euch Zuversicht und Hoffnung wider alle Hoffnung. Er schaffe eure Herzen neu im Geist seiner Liebe. Das gewähre euch der dreifaltige Gott, der Vater, der Sohn und der Heilige Geist.
3. Geht in dem Bewußtsein, daß unser Herr bei euch ist, mit euch geht, für euch ist! Es segne euch der allmächtige Gott, der Vater, der Sohn und der Heilige Geist.
4. Es segne euch Gott, der Vater, der euch das Leben geschenkt hat. Es segne euch der Sohn, der für euch gestorben und auferstanden ist. Es segne euch der Heilige Geist, der in uns das Gute wirkt.
5. Der Herr sende euch seine Kraft und Freude. Er begleite eure Wege mit seinem Segen. Er mache fruchtbar euer Wirken. Er stärke euch gegen alles Böse. Er gebe euch Mut, den Menschen zu dienen. Dazu segne euch der Herr des Himmels und der Erde, der Vater, der Sohn und der Heilige Geist.
6. Macht Frieden, wo immer ihr könnt. Schenkt Freude, wo Angst und Verbitterung wohnen. Gebt Gottes Güte weiter an alle, die euch begegnen. Dazu segne euch der allmächtige Gott, der Vater, der Sohn und der Heilige Geist.
7. *Es gibt sehr schöne feierliche Schlußsegen (auch zum Singen!) im Meßbuch, S. 532–575.*

Weitere Veröffentlichungen von Willi Hoffsümmer im Matthias-Grünewald-Verlag

133 Kinderpredigten mit Gegenständen aus dem Alltag (^{8}1992), Anschauliche Predigten für Kinder-, Jugend- und Familiengottesdienste (^{5}1993), Wir wagen den Glauben (^{3}1987), Glaube trägt (^{8}1995), Kommuniongeschichten (^{16}1995), Bußgeschichten (^{6}1993), Religiöse Spiele 1 (^{6}1994), Religiöse Spiele 2 (^{4}1993), Kurzgeschichten 1: 255 Kurzgeschichten für Gottesdienst, Schule und Gruppe (^{15}1995), 144 Zeichenpredigten durch das Kirchenjahr (^{6}1994), Firmgeschichten (^{7}1993), Kurzgeschichten 2: 222 Kurzgeschichten für Gottesdienst, Schule und Gruppe (^{9}1994), Kurzgeschichten 3: 244 Kurzgeschichten für Gottesdienst, Schule und Gruppe (^{7}1995), Kurzgeschichten 4: 233 Kurzgeschichten für Gottesdienst, Schule und Gruppe (^{4}1994), Kurzgeschichten 5: 211 Kurzgeschichten für Gottesdienst, Schule und Gruppe (1994), 99 Kinderpredigten. Mit Gegenständen aus dem Alltag (^{3}1992), 77 religiöse Spielszenen für Gottesdienst, Schule und Gruppen (^{3}1994), 3 × 7 Bußfeiern mit Gegenständen aus dem Alltag (1991).

Im Frühjahr 1996 erscheint ein weiterer Bußfeiern-Band mit neuen Ideen: 11 Bußfeiern für Kinder, 3 für Jugendliche und 11 für Erwachsene.